中国政治思想研究丛书

伦理与秩序

梁漱溟政治思想中的国家与社会

干春松 著

商務印書館
创于1897 The Commercial Press
2019年 · 北京

图书在版编目（CIP）数据

伦理与秩序：梁漱溟政治思想中的国家与社会 / 干春松著．—北京：商务印书馆，2019
（中国政治思想研究丛书）
ISBN 978-7-100-17123-6

Ⅰ.①伦…　Ⅱ.①干…　Ⅲ.①梁漱溟（1893–1988）—政治哲学—研究　Ⅳ.①B261.54

中国版本图书馆 CIP 数据核字（2019）第 036337 号

中国政治思想研究丛书

伦理与秩序

梁漱溟政治思想中的国家与社会

干春松　著

商 务 印 书 馆 出 版
（北京王府井大街36号　邮政编码100710）
商 务 印 书 馆 发 行
北 京 冠 中 印 刷 厂 印 刷
ISBN 978－7－100－17123－6

2019年5月第1版　　开本 880×1230　1/32
2019年5月北京第1次印刷　　印张 9 3/4

定价：38.00 元

“中国政治思想研究丛书”总序

梁任公九十多年前在北京举办的演讲会上，提到研究中国政治思想史要采用新方法和新视角，期待对世界政治文明的演进有所贡献，但此后中国政治思想史的研究并不很兴盛。相对于其他学科领域，中国政治思想领域的优秀研究成果不多，能让大家记住的，也就是萧公权先生的《中国政治思想史》等少数几部著作。牟宗三先生到台湾后所写的《政道与治道》虽然有一定的影响，但是这部书有一个和同时代很多学者的著述相同的弊病，就是立足于西方的政治理论和伦理价值框架来谈中国，以中国古代有没有诸如自由民主等理念来做评判。其实这些概念的多数内涵，是近代欧洲和美国在特定历史情势下形成的，用它们来解释中国古代政治的缺失问题，当然偏差很大。至于以往的中国政治思想研究没有充分展开的原因，我认为可以从以下三个方面来分析。

第一，政治思想不仅是政治家和政治学者的言说，还牵涉政治权力施行的实际过程，内容很广泛，比如古代的社会礼仪和民俗、不成文的习惯法、宗教戒律的影响，等等，过去的政治思想史研究者对此很少有深入研究。

第二，政治思想的研究可以提炼出哲学成分，但哲学的理念不能等同于政治思想的全部，如果追溯西方政治学的发展，亚里士多德的城邦制度研究，就包含了很多今天人们意识里“政治思想”之外的内容。亚里士多德的著作里，伦理与政治问题分开讨论，后人就认为这两者可以割裂，研究政治思想也可以和研究伦理哲学或道德哲学一样，停留在概念辨析和规范讨论上。实际上，西方社会政治权力的历史发展相当复杂，仅从权力来源看，就产生过君权神授、契约论、演化论等不同学说，而这些学说都和欧洲自身历史发展相关，要了解它们的真正内涵，需要全面深入地研究当时社会生活的各个方面，不是单纯辨析几个理念就能做到的。

第三，基于以上两个方面的认识，中国学者该如何总结、整理、重建自身的政治哲学思考？我认为需要回溯华夏政治结构及秩序的起源，重新叙述“族群生活—伦理宗法—政治国家”这样一个链条，显然这和欧洲的传统是很不相同的。为什么很多学者习惯于直接拿欧洲的政治发展路径来套用解释中国呢？这是因为近代中国被西方列强侵略的历史影响了人们的认知，也就是方法论出了问题。目前，我们需要重新提出有解释力的框架，就要针对这些偏差提出一些问题，就此可以总结为以下八个方面：

其一，在中国历史起源语境下，如何理解政治权力的产生和发展？

其二，在中国古代政治中，权力的价值内涵及其规范性是如何表达的？

其三，在中国传统权力模型中，帝王与大臣、庶民的关系如何规范与调节？

其四，关于政治史、政治学的现代发展和现代性表达，在当代中国学术语境下如何实现？

其五，中国传统政治理想在近现代的追求和运用，实际上是知识分子与政治规范解释权转移的问题，出现了怎样的特殊变化？

其六，中西政治之间的不同，应该如何认知与解释，才不致脱离二者各自的本义太远？

其七，政治思想并非理念的简单投射，而是有历史经验的复杂性叠加缠绕，由此对福山的“历史终结论”做出批驳，该如何建立自身的新学说？

其八，政治与政治科学的关系，在当前中国该如何处理？罗尔斯把伦理价值再度引入政治讨论中，对韦伯以来政治理论研究的“价值中立”趋势是一个重要逆转，中国政治思想研究该如何回应这一命题？

以上这些问题，可能需要几代学者的努力协作和学术积累，方能做出较有说服力的回答。我们这套“中国政治思想研究丛书”，可以看作这方面努力的一个开端与尝试，希望能给有关研究者和读者带来“以中国立场和全球视野思考中国政治思想”的启发。

最后，我在这里再谈个人的一些体会。我们研究中国政治思想的根本目标是什么？是否仅是为了发掘自己祖先的某些政治思想，表彰他们的独特价值？这样的工作似乎有很多人在做，比如从事中国文化传播的行业，可能还比我们做得更好。我认为政治思想研究者不宜做这样简单的跟风宣传。从对当前中国社会有重要影响的几股思想潮流来看，社会主义以人的社会存在属性为其理论基础，曾经兴盛的自由主义以个人权利为基础，而保守主义则以文化中既存的价值倾向和制度习俗为基础，重视权力运用的历史文化背景，通过这种实践来探索建立一种理想性的规范，使它和传统文明的价值观联系起来，这一点和中国古代贤哲的思考是相近的，接近于中国学者熟悉的“为往圣继绝学，为万世开太平”。当前的世界并不太平，某些秉持单一理念的发达国家企图用武力将自己信奉的价值理念推广到全世界，在世界很多地区造成了人道悲剧，即使在其国内，也受到很多的质疑与批评。人类历史从文明草创到理性启蒙，再到现代性的发展，从西方近现代的历史中可以看到一连串的霸权兴起，东方则是一百多年来受到西方的压制，在强势话语冲击之下产生了思想变异，像日本就有了“脱亚入欧”和“大东亚共荣圈”的言说和实践。美国最初是一个松散孤立的邦联国家，后来联邦权力不断扩大，到今天已经是一个十分集权而具有扩张欲望的世界性强权体系。人类从个体到小的氏族群体，发展到庞大的政治共同体，再形成具有世界扩张能力的霸权体系，其间充满了矛盾冲突，成千上万的平民百姓在现代化战争中被无辜杀戮，让富有正义感的人们痛心疾首。我认为战争的根源是每个国家过分强调自身的利益和权力扩张，在争霸的过程中习惯了剥削弱小民族，甚至认为这种剥削理所当然。

现在的很多思想家已经意识到，发展程度较高的国家应该扩大视野，从人类整体的视角来思考如何解决目前的政治矛盾与战争冲突，而不是延续以往那种“国家利益至上”的霸权思维。中国政治思想的研究，如果对人类的合作与和平发展有所贡献，并引发大家对这些问题的深入思考，才能接近我们的根本目标。期待所有的有识之士，一起加入进来推动这项崇高的事业。

成中英

2018年12月于海淀西山庭院

目 录

引子　“国家建立不起来”：文化与秩序的错位

人类社会在漫长的发展和演进过程中，形成了多种不同形态的文化或文明，关于文化或文明本身的问题更显复杂，以至于对其自身概念进行分析的过程就可以成为一门学问。所以，在此我只能大而化之地将文化区分为制度（包括成文的制度和礼俗，等等）、价值（世界观、人生观以及思维方式）部分，其中价值可以视为文化在精神层面的体现，与作为价值外化的制度，共同构成了文化系统。

许多学者对复杂多样的文化形态进行过不同的概括，而其中影响较广的则是亨廷顿的文明区分论。他提出，目前世界上存在着包括中华文明（儒教文明）、日本文明[①]、

① 亨廷顿强调了日本文化的独特性，同时我也认为，把日本归于儒家文化圈也有勉强之处。

印度文明、伊斯兰文明、西方文明、拉丁美洲文明，或者还有非洲文明[1]。普遍来说，用于分辨、界定文明之间区别的主要要素是宗教，这是因为，相比于其他要素而言，宗教具有恒久的稳定性，并在塑造人类生活习惯和社会制度秩序上起到了决定性的作用。不过，除了伊斯兰教、基督教（天主教）、佛教（印度教）这类“普世宗教”之外，还有一些宗教形态具有更为特殊的独特性。比如，在中国，纵然宗教中国化的过程已经使外来宗教呈现出与原生地的变异性，但是人们依然接受并习惯于儒教文明的浸淫，然而大多数中国人并不轻易地将儒家看作是一种“宗教”。

宗教的普世性与特殊性的问题提示我们：世界上的人生活在各具特色的社会制度和思想传统中，我们并不能将差异归因于地域或气候，至今人类也无法找到一个具有强大说服力的理由来解释文化差异的原因。但是，当不同的文化互相接触之时，文化之间的差异使得彼此并非总是那么和平喜乐，大多数的时候则表现为“冲突”。

亨廷顿的“文明冲突论”招致了众多的非议和不满，或许人类未来能够具备避免文明冲突的能力。但是，如果我们以历史经验为参照，在过去历史中的大多数时刻，文明之间的冲突依然是一个大概率事件，尤其在人类将生存的需求和信仰的决心结合得更为紧密的历史时刻，文明的

① 参见〔美〕塞缪尔·亨廷顿：《文明的冲突与世界秩序的重建》，周琪等译，新华出版社1998年版，第29—32页。

冲突就更为激烈。我曾经读过一本描述耶路撒冷的书，读起来很让人伤感，书里有一段话说：

> 耶路撒冷被犹太人独占了一千年，被基督徒独占了大约四百年，被伊斯兰教徒独占了一千三百年，并且三大宗教没有一个是不依靠刀剑、投石器或榴弹炮获得耶路撒冷的。他们的民族史讲述了另一个必然走向英勇胜利和突然爆发灾难的毫无悬念的故事，但在讲述这样的历史时，我已经努力展现没有什么事情是不可避免的，总是有很多选择。耶路撒冷人的命运和身份并不明确。①

的确，在面临冲突时，人类或许存在一万种避免冲突的方法，但在大多数时候，冲突仍然如宿命般不可避免地发生。这种宿命感甚至隐喻着和平是为了给冲突积聚力量、准备条件。但是，当人类理性觉醒时，则会意识到冲突肯定不是人类理想的生活方式，也不是理解文明发展方向的唯一途径。在理性复苏的历史时刻中，来自儒教文明区域的中国政治家和学者就激烈地反对文明冲突论，倡导和谐共生的理念。

很显然，处于当今全球化中心的西方学者所讨论的文

① 〔英〕西蒙·蒙蒂菲奥里：《耶路撒冷三千年》，张倩红等译，民主与建设出版社2015年版，第636页。

明的冲突终究会形成一种“西方”和“非西方”的思维方式，并将问题转化为“西方”的和“有待成为西方”的这样的“进步”和“落后”的问题。在这一思维方式的沿袭下，他们只能更多地看到冲突，进而通过将文化多样性问题实质性地转变为文化发展的落差问题，为他们的政治干预和经济侵略提供正当性的理据。

但是，如果我们从“非西方”视野来看待文化的差异，可能会产生完全不同的观感。

近代以来，中国人对社会危机的认识有一个不断归结为文化危机的趋势。在发展经济和政治独立的压力之下，近代许多知识分子会接受来自西方启蒙思想家的影响，形成了类似于“东方主义”的文化观念，并为了学习西方的制度和社会组织方式，在文化观上趋近于自我否定的态度。这一点已经由梁启超等人做了总结。即随着危机的加剧和应对乏力的加深，当时的中国人逐渐从器物层面的不足（洋务运动）上升到制度层面的不足（戊戌变法和清末新政），最后到伦理和文化的“觉悟”。而伦理和文化上的自我否定则成为“五四”新文化运动的主题。

在 1840 年之后，中国近代文化观的变迁就是沿着这样的轨迹而不断发展的。

梁漱溟登上中国思想舞台的时候，正是伦理和文化大兴“觉悟”的时代。他最初为人所知，就是因其在文化观念上与陈独秀和胡适等人提出了不同的见解，从而将中国的文化保守主义引入了新的阶段。

在思考问题的轨迹上，梁漱溟的保守主义倾向延续了从曾国藩、李鸿章、张之洞到康有为、梁启超等这些前行者的思想脉络。

其实，当李鸿章等人将其所面对的西方冲击描述为“三千年未有之大变局”的时候，他心目中的中西文化之间的关系就已经包含了两个层面的问题，即“中西问题”和“古今问题”。如果说中西问题主要讨论的是生活方式和社会经济组织方式的差异的话，那么古今问题就是要面对中西是否处于社会发展不同阶段的问题。这两个维度被梁漱溟形象地概括为“不同”和“不及”。从《东西文化及其哲学》到最后的《人心与人生》等作品，梁漱溟一生都在处理“不同”和“不及”。他始终要强调的是“不同”而不是“不及”，但我们可以毫不费力地发现其立场的“漂移”。

而这一问题，在以前的政治家和思想家那里，被表述为“西学中源”或“中体西用”，这些充满着文化的理智和情感冲突的复杂性思考，被后来的历史学家描述为跟不上“历史发展的滚滚车轮”。

“三千年未有之大变局”这一论断，既充满着一种对于未知世界的犹豫，又透露着一种立志变革的决心。对于李鸿章这样的外交家来说，尽管他并不可能完全清楚产生如此之大变局的原因来自哪里，但是，他已经开始了解，他所面对的外部世界，在经济和军事实力上已经远远超过清帝国。而康有为等人则更加清楚地告诉光绪帝，这个世界的规则已经变了。

在《上清帝第四书》中，康有为说：

> 夫泰西诸国之相逼，中国数千年来未有之变局也。曩代四夷之交侵，以强兵相陵而已，未有治法文学之事也；今泰西诸国以治法相竞，以智学相上，此诚从古诸夷之所无一也。[①]

在此，康有为明确指出，中西之间的新局势与从前的四夷交侵已经完全不同，以前的四夷只有强兵，而这次的西方诸国背后则有“治法文学”。而且，康有为也意识到，西方列强并不将这些落后国家平等相待，所谓的万国公法只对应那些发展程度一致的国家。他在《上清帝第五书》中说：

> 夫自东师辱后，泰西蔑视，以野蛮待我，以愚顽鄙我。昔视我为半教之国者，今等我于非洲黑奴矣。昔憎我为倨傲自尊者，今则侮我为聋瞽蠢冥矣。按其公法均势保护诸例，只为文明之国，不为野蛮，且谓

① 康有为：《上清帝第四书》，孔祥吉编著：《康有为变法奏章辑考》，北京图书馆出版社2008年版，第74—75页。

剪灭无政教之野蛮，为救民水火。[①]

中西格局已经发生了根本变化，以前西方人认为中国人倨傲，现在已经将中国视为野蛮国，因此，如果还按以前对待周边少数民族政权那般的“羁縻”“朝贡”的办法，只能徒添笑话——

大地八十万里，中国有其一，列国五十余，中国居其一。地球之通自明末，轮路之盛自嘉道，皆百年前后之新事，四千年未有之变局也。列国竞进，水涨堤高，比较等差，毫厘难隐。故《管子》曰：“国之存亡，邻国有焉。众治而己独乱，国非其国也，众合而己独孤，国非其国也。”顷闻中朝诸臣，狃承平台阁之习，袭簿书期会之常，犹复以尊王攘夷，施之敌国，拘文牵例，以应外人，屡开笑资，为人口实……纳侮招尤，莫此为甚。[②]

虽然康有为提出的变法主张包括开议会和办实业，但他已经明确意识到目前的世界格局是列国竞逐的新的国际秩序，而中国如果不能意识到这样的变化，那么结果就

① 康有为：《上清帝第五书》，孔祥吉编著：《康有为变法奏章辑考》，北京图书馆出版社2008年版，第107页。

② 同上书，第108—109页。

像非洲和其他地区的国家一样，将被瓜分和被殖民，甚至种族灭绝。

传统中国具有社会组织、边疆治理的悠久传统，但是，对于西方近代所形成的民族国家体系，中国人却普遍陷入了茫然之中。

中国很早就学会了如何组织一个国家，从李斯建议秦始皇废除封建制采用郡县制开始，大一统的国家便形成了。然而，中国始终是一个以农业为主的“内陆”国家。“中国传统农业社会之所以能实现大一统社会整合，关键是用具有统一儒家信仰的儒生为组织架构，以绅士的乡村自治和家族作为社会整合的中下层组织。这种组织方式的特点是，实现社会整合并不需要庞大的国家官僚机构。”[①] 而现代民族国家虽然以领土、人口和主权作为主要标志，但核心的诉求则是经济的增长。这就意味着儒家的秩序观将面临以效能导向的现代国家组织方式的最尖锐的挑战。

为了避免国家沦亡的局面，建立起一个有竞争力的新国家就成为共识，但对于如何建立一个国家，近代知识分子却有很大的争议。就体制内的改革派而言，保存国家就是要保存原有的制度和价值，这一点最清晰的表述就是张之洞的中体西用论。而改良派的康有为则认为“保全中国”是建国的前提和目标。在他看来，既然中国是一个多

---

① 金观涛：《中国现代思想的起源》，法律出版社2011年版，第212页。

民族共同生存的国家，建立新的国家当然要保存原有的土地和人口，因此，他反对革命派的“汉族国家”主张。虽然，在中华民国建立后，革命派并没有坚持单一民族建立国家的激进主张，改而接受“五族共和”及“中华民族”的多民族国家的理论，但源自西方的民族国家理论的确在现代中国的建立过程中产生了多方面的影响。

至此，摆在近代中国面前的西方已经产生了两重面向：一是作为与儒教文明相对应的基督教、天主教或东正教的西方文明；二是作为近代宗教改革之后的世俗化的西方。这两重面向之间既有联系也有区分。中国近代所要面对的中西和古今的双重挑战主要来自这两种冲击，但这两种冲击之间本身所包含的张力，在近代中国有时却会形成合力。

从社会稳定的角度，我们并不能绝对地将民族国家体系看作是比原先的帝国秩序更为合理的国家组织方式，而只能客观地说，民族国家是现在被普遍接受的国家形态。在这个意义上，由清王朝向中华民国的政权转移，就不再简单是以前的王朝更迭，而是一种“大变局”，即新的国家形态的确立。这意味着不能将王朝国家和民族国家的差异仅仅看作是文化基础上的国家类型的差别，而更应该视为一种国家形态的“进化”。西方的民族国家体系在时间上与其世俗化过程有重合。这就是说，现代民族国家同时也可能是世俗国家。而对于中国而言，新的国家形态的建立需要一种文化和价值的因素来成为国家的凝聚力，因此，许多人甚至希望通过儒家的宗教化来强化国家的纽带，这样就构成了近代中国思想家之间对于文化与国家之间关系的激烈争论。

第一章　立宪与共和：清王朝的转型失败与民国的建立

在政治思想家那里，关于对国家性质和未来的讨论总是裹杂着文化冲突的因素展开着。而在现实中，“民族国家”则始终在缓慢而曲折地进行着自我建构。

在康、梁主导的激进而又缺乏政治基础的维新变法失败之后，等待着清王朝的则是更大的悲剧。义和团运动和随之而来的八国联军入侵，对清政府提出了两项紧迫的任务：首先是必须保证新的财源来支付西方列强和日本的巨额赔款，同时建立起新的工业，实现军事的现代化；第二则是要真正地学习日本，以期建立起君主立宪制来维护其统治。但这两个目标本身就是互斥的：要支付赔款就意味着难以建立自身的生产和消费体系，因而无法像日本那样跻身发达国家的行列；而立宪政治本身意味着权力的分散，在君主立宪的体制下，国家则更难遵循统一的意志来进行大规模的经济建设。

此外，孙中山等革命派的形成，更为直接地让清政府意识到危机。在这一危机的刺激下，“新政”的启动可以视为清廷对于社会变革呼声的回应。

尽管统治集团内部并非没有意识到政治结构的变化会导致其权力体系的崩溃，但是，1901 年 1 月 29 日，清廷依然发布变法谕旨，正式拉开了“新政”的序幕。

这道以光绪帝的名义所颁布的谕旨说：

> 世有万古不易之常经，无一成不变之治法。穷变通久见于大易，损益可知著于论语。盖不易者三纲五常，昭然如日星之照世；而可变者令甲令乙。不妨如琴瑟之改弦。伊古以来，代有兴革……自播迁以来，皇太后宵旰焦劳，朕尤痛自刻责，深念近数十年积习相仍，因循粉饰，以致成此大衅。现正议和，一切政事尤须切实整顿，以期渐图富强。懿训以为，取外国之长，乃可补中国之短；惩前事之失，乃可作后事之师。……殊不知康逆之谈新法，乃乱法也，非变法也。……今者恭承慈命，壹意振兴。严禁新旧之名，浑融中外之迹。我中国之弊在于习气太深，文法太密；庸俗之吏多，豪杰之士少……公事以文牍相往来，而毫无实际人才，以资格相限

> 制，而日见消磨，误国家者在一私字，困天下者在一例字。至近之学西法者，语言文字、制造器械而已。此西艺之皮毛，而非西政之本源也。居上宽，临下简，言必信，行必果。我往圣之遗训，即西人富强之始基。中国不此之务，徒学其一言一话、一技一能，而佐以瞻徇情面，自私身家之积习；舍其本源而不学，学其皮毛而又不精，天下安得富强耶？总之，法令不更，锢习不破，欲求振作，当议更张。着军机大臣、大学士、六部九卿、出使各国大臣、各省督抚，各就现在情形，参酌中西政要，举凡朝章、国故、吏治、民生、学校、科举、军政、财政，当因、当革、当省、当并，或取诸人，或求诸己，如何而国势始兴，如何而人才始出，如何而度支始裕，如何而武备始修，各举所知，各抒所见，通限两个月，详悉奏议以闻。①

虽然，在这道谕旨的话语体系中依然还反映出中体西用，甚至西学中源之余绪，不过此上谕的特殊之处在于，提出了参酌“中西政要”来进行变革的目标，在此基础上，张之洞协同王文昭等人上了一道“江楚会奏”，提出了一系列学习西方的政治和经济措施，最可强调者就是废

① 《光绪朝上谕档》第26册，广西师范大学出版社1998年版，第460—462页。

除科举。

张之洞等人意识到，科举制度难以培育现代的工商技术人才，期冀废除科举、兴建学校、招揽贤士、完成现代教育。但是，科举制度背后则是帝国秩序的基础，即通过对于儒家价值和社会上升流动的结合，建立起一套融合意识形态和各个层次管理人才的完整体系。一旦废除科举，改为学校，那么儒家经典便失去其特殊地位，而建立在家族制度基础上的地方社会秩序也就失去了绅士群体作为支撑。因此，也有人说，废除科举实际抽空了帝国的统治基础。对此，罗兹曼说："科举制度曾经是联系中国传统的社会动力和政治动力的纽带，是维护儒家学说在中国的正统地位的有效手段……它构成了中国社会思想的模式。由于它被废除，整个社会丧失了它特有的制度体系。"①

如果说科举抽空了清帝国的统治基础，那么晚清的宪政改革则是彻底压垮清政府的最后一根稻草。面对日本的宪政成功，许多人都希望模仿日本而使中国脱离被欺凌的境地，但清朝的王公贵族很清楚宪政的核心就是分权，一直对开议会不感兴趣。而 1905 年日俄战争以日本胜利告终则让全社会有了一种以为立宪可以摆脱社会危机的

① 〔美〕吉尔伯特·罗兹曼主编：《中国的现代化》，国家社会科学基金"比较现代化"课题组译，江苏人民出版社 1995 年版，第 338 页。

错觉。[①]

还没有从被日本打败的惊诧中醒悟过来的中国人，将日本对俄国的胜利，甚至评价为这提升了黄种人的自信心。当时的舆论界很快将这一战争阐释为立宪与专制之战，日本被理解为因立宪而强大，而俄国则被理解为因专制而落后的范型。当时的《东方杂志》称："甲辰日俄战起，识者咸为之说曰：此非日俄之战，而立宪专制二政体之战也。"自日本"以小克大，以亚挫欧，赫然违历史之公例，非以立宪不立宪之义解释之，殆为无因之果"。[②]据此，中国之种种挫折被归为没有实行立宪，认为如果能像日本那样实行立宪政体，那么中国的问题便可迎刃而解。当时发表在《南方报》后被当时的主流媒体《东方杂志》转载的一篇文章的标题就是《论立宪为万事之根本》。文章说：

① 当时一个日本人很形象地描述了中国人的这种情绪："至于立宪派政党，他们之中的绝大多数人则胡乱相信，只要有了一个立宪国会，一切都是可能办得到的：宪法一经制定，国会一经成立，失政误国的岁月就将立刻一扫而光，财政竭蹶可以补救，国债可以偿还，军备可以扩充，国力将进而充沛，人民权利将被恢复。而多年来中国所蒙受的民族耻辱将被扫除，国家的威信将广被全世界。"见远藤久吉对日本外务部的报告，转引自周锡瑞：《改良与革命》，中华书局1982年版，第115页。

② 见《东方杂志》第三年临时增刊。这种说法在当时有很普遍的代表性。如《中外日报》也有相似的评论："甲辰日俄之战，知微之士闻之曰：此非俄日之战也，乃立宪专制二治术之战也。自海陆交绥以来，日无不胜，俄无不败，至于今，不独俄民群起而为立宪之争，即吾国士大，亦知其事之不容已，是以立宪之议，主者愈多。"见《中外日报》光绪三十一年（1905年）八月二十二日。

甲午以近，士大夫之言变法者，其肩背相望也。然其立论至易，大抵胪举故实，取泰西各国现行之制度，杂然而陈之……已而更历渐广，学说亦渐近，微有鉴于欧美诸国治法之源，其精神固不尽此也……手足而教育之说兴，一切行政之事，亦稍稍有所建革。一切行政之事，亦稍稍有所建革，固自以为治其本矣。然而数年以来，群治之不进也如故，民智之不开也如故。求之政界，则疲玩愈甚，而蒙蔽日深。征诸社会，则奸蠹滋多，而公德益坏……其弊之所至，乃至凡百措施，创之于列邦而为善治者，及其行之中国，几无不与初意相左，而利害适相反焉……其故何在？一言以断之曰：政体不立之害。欲救其弊，固非改定政体不可，则立宪之说是已。治国者如操舟然，必先定其向之方，而后有达陆岸之日，故立宪政体之于国，犹舟之有指北针也，否则迷阴而丧其行矣。①

面对如此狂热的舆论氛围，当时的实业家张謇也主动给袁世凯写信，希望他能推动立宪进程。张謇在信中说：“日俄之胜负，立宪专制之胜负也。今全球完全专制之国

① 《南方报》光绪三十一年（1905年）七月二十三日；《东方杂志》第二年，第十期。

谁乎？一专制当众立宪，尚可幸乎？日本伊藤、板垣诸人，共成宪法，巍然成尊主庇民之大绩，特命好耳。论公之才，岂必在彼诸人之下？”[①]

虽然当时的大多数中国人并不知道立宪之真意，但是基于国家富强的目标，文化的差异和制度移植可能产生的水土不服的后果都被搁置不论，清王朝基于沸腾的“民意”决定派出专门的考察组去了解西方各国的宪政情势。

尽管因为革命派的刺杀事件导致考察活动推迟，1905年，以载泽为首的五大臣依然出洋考察，同时又设立专门的“考察政治馆”，选择各国法制中与中国国情相“适宜”者供朝廷参考。

在1905年，载泽提出了“以五年为期改行立宪政体”的奏折，认为立宪政体乃是世界之大势，并提出了“宣示宗旨”“地方自治”“集会、言论、出版自由”三大措施，认为这“实宪政之津髓，而富强之纲纽”。[②]1906年，载泽又给慈禧上了一道密折，以日本的宪法为例，提出立宪并不会损害君主的地位，只会对官员不利，而立宪有三大

① 朱传誉主编：《张季直传记资料》，天一出版社1985年版，第5页。

② 载泽：《出使各国考察政治大臣载泽等奏请以五年为期改行立宪政体折》，夏新华等整理：《近代中国宪政历程：史料荟萃》，中国政法大学出版社2004年版，第39页。

好处："皇位永固""外患渐轻""内乱可弭"。[①]从某种意义上说，载泽的报告并无虚言，因为日本的宪政改革事实上的确没有削弱天皇的权威，反而通过削藩强化了中央集权。载泽的问题在于，他没有看到中日两国民族关系的差异，即革命党一直以"驱逐鞑虏"为口号，为了革命的成功，革命党人将驱逐满人、推翻满清政权作为自己的首要任务，而皇帝的存在是否符合宪政原则，则被革命党人搁置一旁不予讨论。总之，载泽的报告使朝廷下定了立宪的决心，1906年9月1日，清廷发布了《预备仿行宪政》的谕令，立宪从此成为新政的核心内容。

谕令说："各国之所以富强者，实由于实行宪法，取决公论，君民一体，呼吸相通，博采众长，明定权限。……时处今日，惟有及时详晰甄核，仿行宪政，大权统于朝廷，庶政公诸舆论，以立国家万年有道之基。"[②]同时指出，由

① 这道使慈禧痛下决心的密折是这样的："以今日之时势言之，立宪之利有重要者三端：一曰皇位永固。立宪国之君主，神圣不可侵犯，故于行政不负责任，由大臣负之，即偶有行政失宜或议会与之反对，或经议院弹劾，不过政府各大臣辞职。故相位旦夕可迁，君位万世不改。大利一。一曰外患渐轻。今日外人之侮，我虽由国势之弱，亦由我政体之殊，故谓之专制，谓之半开化，而不以同等之国相待。一旦改行宪政，则鄙我者转而敬我，将变其侵略政策为和平之邦交。大利二。一曰内乱可弭。海滨洋界，会党纵横，甚者创为革命之说。顾其所以煽惑人心者，则曰政体专务压制。故从之者众。今改行宪政，则世界所称公正之正理，文明之极轨，彼虽欲造言，而无词可籍；欲倡乱，则人不肯从。大利三。"见《清末筹备立宪档案史料》，中华书局1979年版，第174页。

② 同上书，第43页。

于民智未开，故只能先做一些预备，待条件成熟而推行之。[①]并进一步提出了改革官制、修订法律等一系列措施。

清政府试图借助立宪来达到“上下同心”“皇权永固”的目标恰如缘木求鱼。在多民族的大帝国中，支撑皇权合法性的资源是儒家伦理，而立宪制度则是建立在个人权利和法治基础上的政治制度，其核心在于权力制衡。在仿行宪政后，清政府设立了资政院、咨议局，这二者很快就成为了制约皇权的政治力量。“代议机构的建立为各省精英提供了对中央政府表示久已有之的怀疑的渠道，结果，旨在为中央政府提供支持和建立更强大共识的机构，反而导致地方对朝廷的集权动机表示疑虑。贯穿上述一切的是，不断扩大的参与规模和对于敌视性国际环境更强烈的意识，促使危机加剧起来。”[②]其中最典型的事件，有 1909 年起由咨议局组织的几次速开国会的请愿活动、1911 年由四川等省的咨议局领导的保路运动等，这些都

① 1906年端方《请定国是以安大计折》说：“中国数千年来，一切制度文物虽有深固之基础，然求其与各国立宪相合之制度可以取而用之者，实不甚多，苟不以若干之预备（指三权分立体制，推行义务教育以启蒙西学——引者注），而即贸然从事仿各国宪法而颁布之，而上无此制度，下无此习惯，仍不知宪法为何物，而举国上下无奉行宪法之能力，一旦得此，则举国上下扰乱无章，如群而之戏舞，国事紊乱不治且有甚于今日，是立宪不足以得安，而或反以得危矣。”见故宫博物院明清档案部（藏）：《端忠敏公奏稿》卷六。

② 参见〔美〕吉尔伯特·罗兹曼主编：《中国的现代化》，国家社会科学基金“比较现代化”课题组译，江苏人民出版社1988年版，第296页。

极大地冲击着清政府的权威。

新的问题随之而来，新政的推行很大程度上加剧了本来已经不堪重负的中央财政的承受力，解决的办法只有两个：进一步增加税收品种和数量，同时并借外债。增加税收造成了民众对于新政的敌视，[①]而借外债则增加了学生群体的反抗性。

总之，清末宪政运动不但没有建立起期望中的强有力的政府，反而因新议政机构的建立而使权力更为分散。而皇族内阁的建立则彻底使满清统治集团众叛亲离。

1911年8月，武昌起义在仓促中举行，旋即获得各省的响应，纷纷宣布独立。11月10日孙中山抵达南京，中华民国临时政府宣告成立。但是，这个临时政府与同盟会原先主张革命的精神原则相符吗？“当临时政府组织时，一般人的心理已注定南北和议的成功；已注定满清皇帝的命运全操在袁世凯手里；已准备俟满清皇位推翻之后，把临时大总统的位置做袁世凯的酬劳品；已准备在袁世凯作总统的时候，便得到共和立宪的政治。”[②]很显然，

① 当时汉口报纸的评论反映了这种情绪：“命令下来，征集印花税和军需开支，不考虑人民的负担能力。所有这些都是在无人敢于反对的一片改良声的喧哗声浪中进行的。……但是，绝大部分的新政仅是赝品，我们尽其所有的千百万钱财花掉了，却没有得到一点实际报偿。这样的新政，仅仅是一个蒙蔽我们的弥天大谎，以此作为由头来经常榨取我们的财富而已。”见《公论新报》1910年1月9日。

② 李剑农：《中国近百年政治史》，商务印书馆2011年版，第310页。

我们建立了亚洲第一个共和制的国家，但实际上当时的建国元勋并没有真正理解共和制的实质。

在南北议和的时候，袁世凯强调他支持共和。在这一顺应共和的声浪中，清帝逊位，政权完成了“交接”，但是，新的政权并没有实行宪政国家所必须的选举，而是由袁世凯预定了大总统的职位，这个结果并非是按照某种政治理念的现实化，而是现实政治力量妥协的后果。袁世凯“虽然集军政大权于一身，玩清廷孤儿寡母于股掌之上，但就当时的情形言，袁氏既没有消灭革命军的信心，革命军也没有击败清军的把握。不过，袁氏所处地位比较有利，他既可以制造紧张，又可以静观待变。而革命军方面，除了对倾覆清廷，满怀早观厥成的热望外，既缺乏统一的指挥，又没有必胜的把握。在心理上实认为革命的最大障碍，并非清廷而实为袁氏。……而议和的目的，民军在于使清廷早日退位；清廷则犹为最后之挣扎，希望实行君宪，保持帝位。而袁世凯则以取得政权为得志”[①]。

无论是袁世凯这边还是革命党方面，都对这个妥协政权的结果不甚满意，在孙中山看来，既然革命同志对于宪政的理解还停留在言语的层次，因此决心“继续革命”，而以宋教仁为代表的议会派，则希望通过议会的制约来约束袁世凯的权力。而在袁世凯这边，赞成共和恐怕只是与

① 见荆知仁：《中国立宪史》，联经出版事业公司1984年版，第161页。

革命派谈判的筹码而已。所以，当 1912 年 7 月 18 日临时参议院否决了袁世凯所提出的国务员的名单时，他就已经很不耐烦了，马上通令各省，认为议会“乃自党见既纷，意存掣肘，提出否认，至再至三。……一度政府成立，疏通动须数月。求才则几熏丹穴，共事则若抚娇儿，稍相责难，动言引退，别提以图补缺，通过难于登天。……而国会纷争，议案众脞，累日不能决一条，经月不能颁一律”[①]。由此可见，袁世凯解散国会、解散最大的反对党国民党早已成为定局，只是看时机是否成熟而已。没有任何神圣性来源的袁世凯并不比以前的帝王更能容忍权力的制约，从他对“民主”“自由”“共和”的理解，我们可以了解他对现代民主政治理解的程度。他在 1913 年 12 月 15 日发表演讲说：“今天人人嘴上都谈‘平等’一词，而平等只是在法律面前人人平等，并不意指等级之分应予取消，各人皆可否定法律，自立准绳……‘自由’是另一华丽的现代词，但它是限制在法律范围之内的，在此范围内人是自由的，不受限制的自由，这个东西是不存在的。那些主张平等、自由，而又不问对不顾法律的放肆是否要给予制裁的人，清清楚楚地知道这个东西是没有的：他们把堂皇的口号当作推动叛乱的号召而加以利用……再者，‘共和’也是一个雅致的词，但外国人对这个术语的理解，只是在国

① 《袁大总统书牍汇编》卷二。转引自荆知仁：《中国立宪史》，联经出版事业公司1984年版，第275页。

内有普遍的发言权，而不是全民都必须干涉政府的行动，这种干涉除了造成混乱之外，还可能造成什么结果呢？至于‘民权’这个术语，除了选举总统的最高特权外，它还包括代议权、选举权，它切不可理解为包括处理行政。”[①]

运作立宪共和政治的基本单位是政党，民国成立之后，突然冒出来许多政党，但这个时期，民国政党与欧美各国政党并不一样：党员可以跨党派，各个政党的政纲并无明显的不同，所有的政党都没有民众做基础。没有政治立场各异的政党，也就无法真正代表某一特定群体的利益，因此，这一时期的政党政治也就只能成为摆设，不可能形成民众政治参与的团体。

所以，共和政体的倡导者孙中山强调“知难行易”，认为要从民众的政治素养入手，才能有民主政治的完善。他在《孙文学说》序言中说：

> 文奔走国事三十余年，毕生学力尽萃于斯，精诚无间，百折不回，满清之威力所不能屈，穷途之困苦所不能挠。吾志所向，一往无前，愈挫愈奋，再接再励，用能鼓动风潮，造成时势。卒赖全国人心之倾向，仁人志士之赞襄，乃得推覆专制，创建共和。本可从此继进，实行革命党所抱持之三民主义、五权宪法，

① 《总统在政治会议上发表的演说》。转引自费正清编：《中华民国史》上卷，中国社会科学出版社1998年版，第271页。

> 与夫《革命方略》所规定之种种建设宏模，则必能乘时一跃而登中国于富强之域，跻斯民于安乐之天也。不图革命初成，党人即起异议，谓予所主张者理想太高，不适中国之用；众口铄金，一时风靡，同志之士亦悉惑焉。是以予为民国总统时之主张，反不若为革命领袖时之有效而见之施行矣。此革命之建设所以无成，而破坏之后国事更因之以日非也。夫去一满洲之专制，转生出无数强盗之专制，其为毒之烈，较前尤甚。于是而民愈不聊生矣！溯夫吾党革命之初心，本以救国救种为志，欲出斯民于水火之中，而登之衽席之上也。今乃反令之陷水益深，蹈火益热，与革命初衷大相违背者，此固予之德薄无以化格同侪，予之能鲜不足驾驭群众，有以致之也。然而吾党之士，于革命宗旨、革命方略亦难免有信仰不笃、奉行不力之咎也，而其所以然者，非尽关乎功成利达而移心，实多以思想错误而懈志也。[1]

辛亥革命之后，人们期待中的共和政体得以确立。但新国家的建立并没有取得人们期待中的“富国强兵”的结果，反而生出许多强盗的专制，外忧依然如故，西方列强并没有因民国宣称共和而放弃他们攫取利益的本

① 《孙文学说》，新时代教育社1927年版，“序言”。

性。新的政治体制因水土不服而难有作为，反而形成了军阀纷争、国权不统一的格局。社会秩序和价值观处于无序状态，失望和焦虑的情绪迅速蔓延。而由军阀组成的新政权和文化保守主义势力对于儒家资源的滥用，致使儒学与保皇、复辟、落后、顽固结合在一起，直接导致了激进的知识阶层对于儒家的猛烈攻击。外来制度难以在缺乏文化传统的土壤上生根，没有生产力发展水平做基础的生产关系也难以发挥作用。但是，新生的激进的知识阶层那里，儒学和传统文化成为这一切的替罪羊，他们转头批评文化难以“匹配”制度。以启蒙民智为诉求的新文化运动随之兴起。他们将儒家的价值和家族制度设定为民主共和之敌。

以《新青年》为阵地的启蒙思想家，强调儒家与法治国的差别。在民国初年国会讨论“立孔教为国教”的提案时，陈独秀、李大钊等此提出了尖锐的批评。陈独秀在《宪法与孔教》一文中说：

> “孔教”本失灵之偶像，过去之化石，应于民主国宪法，不生问题。只以袁皇帝干涉宪法之恶果，天坛草案，遂于第十九条，附以尊孔条文，敷衍民贼，致遗今日无谓之纷争。……
>
> 西洋所谓法治国者，其最大精神，乃为法律之前，人人平等，绝无尊卑贵贱之殊。虽君主国亦以此

> 为立宪之正轨。民主共和，盖无论矣。然而共和国民之教育，其应发挥人权平等之精神，毫无疑义。……
>
> 以宪法而有尊孔条文，则其余条文，无不可废；盖今之宪法无非采用欧洲，而欧洲法制之精神，无不以平等人权为基础。吾见民国宪法草案百余条，其不与孔子之道相抵触者，盖几希矣，其将何以并存之？[①]

在袁世凯复辟期间，主张复辟的筹安会认为共和制并不适合中国，他们甚至在袁世凯称帝失败后也没有停止复辟派的活动。在1917年张勋复辟失败后，陈独秀认定尊孔和复辟是“相依为命”的，所以说：“孔教和共和乃绝对两不相容之物，存其一必废其一，此义愚屡言之。张、康亦知之，故其提倡孔教必掊共和，亦犹愚之信仰共和必排孔教。”[②]

现实的政治事件使陈独秀等人认为，如果不解决价值观的问题，任何制度的变革只能是表面的变革，而激进的思想方法则使他们选择了非此即彼的抛弃性立场。他们一方面将东方文化和西方文化看作是绝对不同的两种体系，而且逐渐以进化论的立场强调，东西的差别不是多元

---

① 陈独秀：《宪法与孔教》，《陈独秀著作选编》第一卷，上海人民出版社2009年版，第248、250、252页。

② 陈独秀：《复辟与尊孔》，同上书，第372页。

化的表现，而是存在着“古今”“新旧”的差别，即两种文化是不同时代的文化。以儒家为代表的中国文化是一种落后的文化，不适应现代文明发展和中国走向独立富强的需要，是一种应该抛弃的文化。陈独秀指出：“固有之伦理，法律，学术，礼俗，无一非封建制度之遗，持较晰种之所为，以并世之人，而思想差迟，几及千载；尊重二十四朝之历史性，而不作改进之图，则驱吾于二十世纪之世界以外，纳之奴隶牛马黑暗沟中而已，复何说哉！于此而言保守，诚不知为何项制度文物，可以适而生存于今世。吾宁忍过去国粹之消亡，而不忍现在及将来之民族，不适世界之生存而归消灭也。呜呼！”[①] 陈独秀也承认孔教并非一无是处，但在非此即彼的选择中，只能两者居其一。陈独秀《答佩剑青年》说：“记者非谓孔教一无所取，惟以其根本的伦理道德，适与欧化背道而驰，势难并行不悖。吾人倘以新输入之欧化为是，则不得不以旧有的孔教为非。倘以就有之孔教为是，则不得不以新输入之欧化为非。新旧之间，绝无调和两存之余地，吾人只得任取其一。记者倘以孔教为是，当然非难欧化，而以顽固守旧者自居，决不忸怩作‘伪’欺人，里旧表新，自相矛盾也。”[②] 因此，儒家文化和民主、科学的价值观之间没有妥协的余地，“要拥护那

① 陈独秀：《敬告青年》，《陈独秀著作选编》第一卷，上海人民出版社2009年版，第160页。

② 陈独秀：《答佩剑青年》，同上书，第311页。

德先生，便不得不反对孔教，礼法，贞节，旧伦理，旧政治。要拥护那赛先生，便不得不反对旧艺术，旧宗教；要拥护德先生又要拥护赛先生，便不得不反对国粹和旧文学”①。

陈独秀认为要调整的不是制度是否有效，而是改变人们的观念，这被他看作是“最后的觉悟”。陈独秀在写于1916年的一篇文章中说：“伦理思想，影响于政治，各国皆然，吾华尤甚。儒家三纲之说，为吾国伦理之大原，共贯同条，莫可偏废。三纲之根本义，阶级制度是也。所谓名教，所谓礼教，皆以拥护此别尊卑明贵贱制度者也。近世西洋之道德政治，乃以自由、平等、独立之说为大原，与阶级制度极端相反。此东西文明之一大分水岭也。……自西洋文明输入吾国，最初促吾人之觉悟者为学术，相形见绌，举国所知矣；其次为政治，年来政象所证明已有不克守缺抱残之势。继今以往，国人所怀疑莫决者，当为伦理问题。此而不能觉悟，则前之所谓觉悟，非彻底之觉悟，盖犹在惝恍迷离之境。吾敢断言曰：伦理的觉悟，为吾人最后之最后觉悟。”② 陈独秀的思路很是代表当时的一种普通思维方式，当移植西方制度并不成功之后，人们所思考并非是制度是否适合的问题，而是强调观念的差异，因

① 陈独秀：《〈新青年〉罪案之答辩书》，《陈独秀著作选编》第二卷，上海人民出版社2009年版，第10页。

② 陈独秀：《吾人之最后觉悟》，《陈独秀著作选编》第一卷，上海人民出版社2009年版，第204页。

此，改变人的观念成为“最后的觉悟”。

《新青年》群体在1918年之后发生了分化，其中一个重要的原因是十月革命的胜利和马克思主义的传入。陈独秀和李大钊等人开始接受马克思主义。在学习西方的前提下，开始有了两个目标：一是学习欧美自由民主制度，一是学习苏联体制。陈独秀和李大钊成为中国最早的马克思主义者。就李大钊的思想特色而言，本来有民粹主义和民族主义的倾向，也提倡中西文化的调和。比如，他认为中西文明各有特点，但总体上还是认为西方文化更为“应时”，倾向于以西方的“动”的文明来济中国的“静”的文明，但在接受了马克思主义之后，其立场更为“国际主义化”，在1918年《新青年》第5卷第5号中，李大钊写下了这样的文字：

> 赤色旗到处翻飞，劳工会纷纷成立，可以说完全是俄罗斯式的革命，可以说是二十世纪式的革命。象这般滔滔滚滚的潮流，实非现在资本家的政府所能防遏得住的。因为二十世纪的群众运动，是合世界人类全体为一大群众。这大群众里边的每一个人一部分人的暗示模仿，集中而成一种伟大不可抗的社会力。这种世界的社会力，在人间一有动荡，世界各处都有风靡云涌、山鸣谷应的样子。在这世界的群众运动的中间，历史上残余的东西，——什么皇帝咧，贵族咧，

> 军阀咧，官僚咧，军国主义咧，资本主义咧——凡可以障阻这新运动的进路的，必夹雷霆万钧的力量摧拉他们。他们遇见这种不可当的潮流，都象枯黄的树叶遇见凛冽的秋风一般，一个一个的飞落在地。由今以后，到处所见的，都是 Bolshevism 战胜的旗。到处所闻的，都是 Bolshevism 的凯歌的声。人道的警钟响了！自由的曙光现了！试看将来的环球，必是赤旗的世界！①

在 1919 年至 1920 年中国共产党的创建时期，他也不再提中国的再生，而是强调“人类全体的历史”和“人类伟大的使命”。他的目标已不是以新的文明来再造中国，而是在全世界实现社会主义。在伦理的觉悟之后，最终还需要回归组织和物质的力量，而苏联的组织模式和阶级斗争的社会动力学说对于更为激进的群体来说显然更具有吸引力。而这些，都成为梁漱溟思考文化和秩序的历史场景。

① 李大钊：《布尔什维克的胜利》，《新青年》第5卷第5号，1918年11月15日。

第二章　“孔子的道路”：梁漱溟的“中西”和“古今”

梁漱溟于清光绪十九年（1893 年）生于北京，先祖为元世祖五子忽哥赤，故入籍河南开封。梁漱溟说过，父亲梁济[①]的死给他造成了巨大的冲击。

要不是因为自杀，梁济这位晚清、民国的小官员可能不会在历史上留下一抹身影。在 1912 年清帝逊位之后，梁济就突然有了自杀的念头，1913 年，他再度肯定了自己想要自杀的决心，但直到 1917 年他六十岁生日前才真正实施，并写下了遗书。很显然，在这六年中，他一直在期盼中国的变化，因为，梁济在投湖自尽之前依然在问

① 梁济（1858—1918），字巨川，一字孟匡，别号“桂岭劳人”，以字行，广西桂林人，光绪间举人（清末官员，学者），历官内阁中书、教养局总办委员、民政部主事、京师高等实业学堂斋务提调。民国成立之后，因不满社会现状而投水自尽，引发了社会的巨大关注，并对梁漱溟的思想和政治关切产生了实质性的影响。

“这个世界会好吗”这样的问题。

虽然，梁济一再强调他的死并非单纯地因为要“殉清”，而是认为，儒家价值的沦亡和人心的“诈伪奸欺”，会从根本上动摇国本，这才是值得自己殉葬的原因。他在遗书中反复辨析“殉清”的问题，认为身在清朝，当清亡之时，而为之死，“是以义为本位，而非以清为本位”。之所以要殉，是因为“时局败坏至于此极，正由朝三暮四、反复无常，既卖旧君，复卖良友，又卖主帅。背弃平日之要约，假托爱国之美名，受金钱买收，私人嗾使买刺客以坏长城，因个人而坏大局，转移无定，面目然，使将全国人不知信义为何物，无一毫拥戴公理之心。人既不能为人，国之焉能为国”。[①] 民国成立之后，旧纲常被否定，新道德未能确立，一切以功利为导向，这样的新国家显然不是梁济所期待的。梁济之所以迟迟没有了结自己的生命，是因为他决意要留下一些话，并以自己的生命来唤醒人们对于立国之本的关注。

他在遗书中说：“吾因身值清朝之末，故云殉清。其实非以清朝为本位，而以幼年所学为本位。吾国数千年，先圣之诗礼纲常，吾家先祖先父先母之遗传与教训，幼年所闻，以对于世道有责任为主义。此主义深印于吾脑中，即以此主义为本位，故不容不殉。”[②] 无论时代如何变迁，

① 《桂林梁先生（济）遗书》，文海出版社1966年版，第85—86页。

② 同上书，第82页。

这个主义是不容消失的。

从梁济的日记和他教育梁漱溟的方式中，我们可以发现，他并非是一个顽固的守旧派。梁济在1892年的日记中就认为天下没有久而不变的局面，故洋务运动中所出版的西学图书，都可值得一观。他对日本的国力也有所了解，甲午战争时期便主张要避免与日本开战。在1898年的札记中，他还认为即便耗费大半家产，也应当送孩子们出洋留学。在对梁漱溟的教育中，他并不以梁漱溟不能熟诵四书章句为憾，并在北京第一所新式小学开办时，就把梁漱溟给送了进去。因此，他要以他的死来唤醒，“他相信空谈共和政体的理想是没有用处的，重要的是，要真诚地为实现共和政体的理想而从事实质的努力”[①]。在梁济看来，只有这样才不至于辜负逊帝以天下托付的苦心。

很显然，梁漱溟继承了他父亲对于社会问题的关切，他说：“我自己的性情与脾气，颇多相似于先父之处。先父天资不高，我自己亦甚笨。……我为人真挚，有似于先父。在事情上认真，对待人也真诚。”[②]这种非要将事情弄个究竟的态度也是他们父子的共同点。父亲的死，让他不容许“放松社会问题，非替社会问题拼命到底不可”[③]。他

① 林毓生：《论梁巨川先生的自杀》，《中国传统的创造性转化》，生活·读书·新知三联书店1988年版，第218页。

② 梁漱溟：《自述》，《梁漱溟全集》第二卷，山东人民出版社2005年版，第6页。

③ 梁漱溟：《我生有涯愿无尽》，上海人民出版社2013年版，第41页。

早期也热心政治，早期也支持过康、梁的改良主张，并逐渐转到革命派的立场上。梁漱溟说："革命论，立宪论，皆是当时改革政治的主张，因为大家看出清廷无诚意实行君主立宪，所以许多人由立宪论者转入为革命论者，辛亥革命随之而发生，其时我亦已由立宪论者而转入为革命论者，并参加秘密工作。"[①] 梁漱溟始终不是将自己定位为一个书斋式的学者，他说过，有人将他看成佛学家、哲学家，这些都不能概括他的志趣，他力图成为一个发现问题并试图解决问题的人。

1917 年，梁漱溟受聘于北京大学哲学系，教授印度哲学和佛教，在与蔡元培和陈独秀的谈话中，梁漱溟提出自己并不了解印度文化，而蔡元培的回答颇有意味。蔡说，大家也不是很懂，让他不要有当先生的态度，而是与大家在一起学习。梁漱溟入职之后，受到了《新青年》派学者的压力，他回忆说：

> 民国六年，我应北京大学校长蔡子民先生之邀入北大教书，其时校内文科教授有陈独秀、胡适之、李大钊、高一涵、陶孟和诸先生，兹数先生（陈独秀、胡适、李大钊）即彼时所谓新青年派，皆是崇尚西洋思想，反对东方文化的。我日夕与之相处，无时不感

① 梁漱溟：《我生有涯愿无尽》，上海人民出版社 2013 年版，第 39—40 页。

到压迫之严重（我对于儒家思想之了解系先前之事，而思想转变由佛家而儒家则在此时之后也）。我应聘之前，即与蔡、陈两先生说明，我此番到北大，实怀抱一种意志一种愿望，即是为孔子为释迦说个明白，出一口气（出气二字或不甚妥当）。……《新青年》杂志之批评中国传统文化，非常锋利，在他们不过感觉到痛苦；仿佛认为各人讲各人的话，彼此实不相干；仿佛自己被敌人打了一枪，犹视若无事也。而我则十二分的感觉到压迫之严重，问题之不可忽略，非求出一解决的道路不可。[①]

蔡元培时期的北大的确是一个兼容并包、思想自由的大学，各种激荡的思想，给了梁漱溟压力，也给了他讨论文化问题的动力。他为胡适、陈独秀所鼓动的彻底否定儒家文化传统的气氛而感到十分压抑。在梁漱溟看来，“中国文化问题关系国家命运，民族存亡，怎可轻轻放过，漠不关心？同时北大以及整个社会当时爱国主义精神高涨，人们关心国事，文化问题称为学术界讨论最多的问题之一，而我又能置身事外？”[②]正是这种“吾曹不出如苍生何”的救世态度，让梁漱溟放弃了注重解决自身生命问题

① 梁漱溟：《自述》，《梁漱溟全集》第二卷，山东人民出版社2005年版，第11—12页。

② 梁漱溟：《我生有涯愿无尽》，上海人民出版社2013年版，第96页。

的佛教信仰，决心去“做孔家生活”。他说：“今天的中国，西学有人提倡，佛学有人提倡，只有谈到孔子羞涩不能出口，也是一样无从为人晓得。孔子之真若非我出头倡导，可有那个出头？这是迫得我自己来做孔家生活的缘故。”[①]基于这个目标，1920年和1921年，他在北京和济南发表系列讲演，从文化的多路向来讨论世界文明的走向，并提出其文化观的思想基础，主旨就是要为中国文化，特别是儒家的文化寻找出路。这系列讲演后编辑成讲演录，并以《东西文化及其哲学》为名出版。按梁漱溟自己后来的说法，他这个时期的思想还没有成熟，许多替孔子辩护的说法受西方心理学影响太大，比如他比较喜欢用“意欲”的观念，认为文化发展的方向与个人的生活态度有关，而意欲决定了生活的样态。在这个时期支撑他论说的核心概念是“直觉”，最为引人注目的则是文化“三路向”说。

新文化运动时期主流的文化观虽带有调和论的色彩，但是《新青年》派的学者，先是通过唱双簧的办法，将反对白话文的林纾等人搞得名声扫地，后又把主张文化调和论的伧父（杜亚泉）批得丢了工作，这样，以进化论为基础的不断发展的文化观彻底压制了多元化的调和式的文化观。《新青年》以“民主”“科学”以及自由为口号，而将中国文化“再造”成专制、愚昧与压制。这也是梁漱溟

① 梁漱溟：《东西文化及其哲学》自序，《梁漱溟全集》第一卷，山东人民出版社2005年版，第544页。

所感到的压力之所在。

很显然，梁漱溟并非完全反对西方文化，但他认为不同的文化在不同的社会发展阶段具有不同的意义，不同的制度是建立在具体的文化基础之上的，所以不能简单地移植。他之所以要进行这样的比较文化研究，一是因为从晚清以来，人们在学习西方的迫切心情下，全然不顾这些文化及其制度是不能简单搬过来的，“不单这些东西搬不过来，并且使中国旧有的文化步骤也乱了”[①]。所以梁漱溟说，之所以晚清以来的所有变革没有取得人们期望的结果，根子是在对文化的理解上，大家始终不能认清制度和文化之间的关系。

梁漱溟分析了新文化运动时期较有代表性的文化观念，认为要解决中西文化的关系问题，关键要看文化的本质是什么。他说，文化就是人们的生活样法，生活背后则是“意欲”。西方文化因为“意欲”向前，便有征服自然的雄心，由此发展出科学和客观的精神以及民主的制度体系。相比之下，中国文化既没有征服自然的物质生活，也没有科学的方法，更没有民主的制度。由此，大多数人认为“中国是单纯不及西方，西方人进化的快，路走出去的远，而中国人迟钝不进化，比人家少走了一大

① 梁漱溟：《东西文化及其哲学》，《梁漱溟全集》第一卷，山东人民出版社2005年版，第333页。

半”[1]。梁漱溟说他最初也是这么看的，但逐渐改变了看法。他的看法是，如果大家是在一个道上走，那么谁快谁慢就一目了然，然而中国和西方并不是在一条路上走，那么就是“不能”，不是“不及”。中国、印度和西方是走在不同路向上的生活样态，因此，要进一步分析这些不同路向形成的文化学机理。

梁漱溟对于中、西、印文化的不同路向的比较，是通过考察这三者在知识论上的异同来展开的。他杂糅了唯识学和心理学的观念，即借用现量、比量和直觉（非量）三个概念来展开他的分析。

梁漱溟所说的现量相当于“感觉”，通过感觉，人们获得对于外部世界的认知，并初步形成“自相”。而比量，即是“理智”，即是通过对感觉所形成的素材（自相）的概括，而形成“共相”，构成正确明了的概念。人类获得的知识是由现量和比量构成的，“从现量的感觉到比量的抽象概念，中间还须有‘直觉’之一阶段；单靠现量与比量是不成功的。这个话是我对于唯识家的修订”[2]。按梁漱溟的说法，直觉是现量与比量之外的一种特殊的心理作用，约略可以说是进行感觉活动或者理智活动时的一种倾向或态度。而中、西、印三种不同文化的不同或生活方

① 梁漱溟：《东西文化及其哲学》，《梁漱溟全集》第一卷，山东人民出版社2005年版，第392页。

② 同上书，第400页。

式的差异根源于他们之间这种“直觉”的不同。直觉各有所偏，一是附于感觉的，一是符于理智的，这也构成中西文明的差异。梁漱溟通过对中国、西方和印度三种文化发展的分析，认为（一）西洋生活是直觉运用理智的；（二）中国生活是理智运用直觉的；（三）印度生活是理智运用现量的。他说，这样的表述看上去很不通，希望大家不要以文害辞，这样搭配的目的是想说明，西方人的思维方式过于强调人与自然、人与人之间的对立，因此过于强调对事物进行分析，理智和算计占据了上风，所以科学发达。但人与自然、人与人的关系紧张，在社会管理层面主张通过强制的手段来制约人们的行为，是一种比较“低级”的管理方式。

梁漱溟批评西方人的思维方式，真正的目的是要肯定中国人的“理智运用自觉”的方式，并在日趋科学主义的大潮中肯定“直觉”的价值。梁漱溟认为中国人是由直觉来干预理智的活动，可以消解人与自然的紧张，这也是孔子思想“恰好”符合时代趋势的理由。

当然，梁漱溟的直觉也不是心理学意义上的“intuition”，而是一种道德立场和生活态度。所以，他用良知来解释孔子思想中的“直觉”。良知概念由孟子所发明，至王阳明将其深化。在梁漱溟这里，他借助了王阳明所侧重的良知，作为一种天然的道德判断力。我们之所以能在善恶面前，做出好善恶臭的判断，就是良知和良能在发挥作用："这种直觉人所本有，并且原非常敏锐。"[①]而这种良知的直觉就是孔子所谓的仁。"孔家本是赞美生活的，所有饮食男女本能的情欲，都出于自然流行，并不排斥。若能顺理得中，生机活泼，更非常之好的；所怕理智出来分别一个物我，而打量、计较，以致直觉退位，成了不仁。"[②]所以，这个仁也是廓然大公的"无私心"。"最与仁相违的生活就是算帐的生活。所谓不仁的人，不是别的，就是算帐的人。仁只是生趣盎然，才一算帐则生趣丧矣！即此生趣，是爱人敬人种种美行所油然而发者；生趣丧，情绪恶，则贪诈、暴戾种种劣行由此其兴。算计帐未必善，然仁的心理却不致妨害。美恶行为都是发于外之用，不必着重去看；要着重他根本所在的体，则仁与不仁两种不同之心理是也。"[③]

梁漱溟喜欢从心理学的角度来讨论仁，他用"寂"和"感"来描述"仁"的两种心理状态，"寂"是平静而默默生息，"感"是敏锐而易感。而仁道之敏锐直觉建基于心静之时，由此"寂"然而能"感"，两者的平衡达到一种心

① 梁漱溟：《东西文化及其哲学》，《梁漱溟全集》第一卷，山东人民出版社2005年版，第452页。在评论谢无量的《阳明学派》一书时，梁漱溟认为良知是一种"有情味的知，或有意味的知，在今日则所谓直觉。直觉不待学虑而世所谓半情半知"。见梁漱溟：《评谢著〈阳明学派〉》，《梁漱溟全集》第四卷，山东人民出版社2005年版，第713页。

② 梁漱溟：《东西文化及其哲学》，《梁漱溟全集》第一卷，山东人民出版社2005年版，第454—455页。

③ 同上书，第461页。

安的境界。

那么，儒家是如何在这样的直觉指引之下，使人们得以过着一种仁的生活呢？梁漱溟说：“我们可以把他分作两条：一是孝弟的提倡，一是礼乐的实施；二者合起来就是他的宗教。孝弟实在是孔教惟一重要的提倡。他这也没有别的意思，不过他要让人作他那种富情感的生活，自然要从情感发端的地方下手罢了。”[①] 具体地说，在物质生活上，以与自然融洽游乐的态度，享受从容。而不是像西方人那样汲汲于向前追求。在社会生活上，中国人也不像西方人，过于强调权利义务和法律关系，而是过着一种热情和互相关心的生活。在精神生活上，似宗教非宗教，似艺术而非艺术，使人们确立一种有生机的生活态度。

不同的意欲和生活样态决定该文化独特的发展路向，也导出了不同的经济生活、社会生活和精神生活。不同的生活样态，并不能简单以好坏来判别，而是一个“时宜”问题。即在不同的社会发展阶段有某一种生活样态更为“适宜”。比如中国文化，在理智生活还没有完全发达的时候，就已经转入直觉，成为早熟的人类文化，并导致了中国在近代的失败。“不料虽然在以前为不合时宜而此刻则机运到来，盖第一路走到今日，病痛百出，今世人都想抛

① 梁漱溟：《东西文化及其哲学》，《梁漱溟全集》第一卷，山东人民出版社2005年版，第467页。

弃他，而走这第二条路，大有往者中世〔纪〕人要抛弃他所走的路而走第一路的神情。尤其是第一路走完，第二问题移进，不合时宜的中国人态度遂达其真必要之会，于是照样也拣择批评的重新把中国人态度拿出来。”[①]他在谈到印度文化的时候，也说要引进，并坚信在未来，印度人的生活态度必然会成为人类的选择。但从当时的社会发展状况来衡量，印度式的生活态度还过于超前，应接受西方的理智精神，但在态度上要做一些改变，即用直觉来调适理智，使之摆脱算计式的生活态度。

《东西文化及其哲学》奠定了梁漱溟对于中国发展道路的基本看法。即基于文化的不同，发展出不同的社会经济结构和思维模式。并通过文化类型的分析，将不同的文化类型置于不同的历史发展阶段中，依次提出了第一阶段，西方领先，而逐渐转向第二阶段，即孔子所开创的道路，最后转向印度的超越世俗生活的方式。

在梁漱溟的眼里，虽然西方文化在民主政治和科学技术上取得了巨大进步，但可能是受梁启超的《欧游心影录》等著作的影响，他认为西方基于“算计”的文化已经开始走入死胡同，第一次世界大战的爆发就证明了这种征服和自私的文化会走向自我灭亡。西方人也开始反思这种生活样态，意识到应该转向更为“无私”和伦理情谊的

① 梁漱溟：《东西文化及其哲学》，《梁漱溟全集》第一卷，山东人民出版社2005年版，第526页。

方向，这恰好与儒家价值理想吻合。如此说来，以历时态的角度看，梁漱溟的文化三路向，意味着人类要从追求欲望满足的对“物”态度，转向对于心灵安宁的“对人”的态度，最后转入追求内在境界的“对自己”的态度。梁漱溟说，目前西方文化的发展似乎也证明了“人类渐渐不能承受这态度，随着经济改正而改造的社会不能不从物的一致而进为心的和同——总要人与人之间有真妥洽才行”[①]。对此，梁漱溟的历史观似乎陷入了多元主义和单线发展论之间的悖论。换言之，他本来是试图从文明的差异性来建构新的历史世界，但当他将三个路向纳入前后相继的历史阶段论的时候，我们又能看到社会的发展被装入新的线性前进的框架中了。[②]这个看似悖论的体系其实是近代中国保守主义所面临的内在困境的集中体现。这一悖论和困境的意义在于，如果要建立现代意义上的国

① 梁漱溟：《东西文化及其哲学》，《梁漱溟全集》第一卷，山东人民出版社2005年版，第495页。

② 杨贞德说：“梁漱溟在解释文化的性质和意义上，既抨击单线演化论，又难以完全排除其影响。这一现象同样见于他关于文化形成过程及其未来的说明。梁漱溟在提出文化由第一至第三路向循序演进时，清楚意识到实际的历史发展与此进程并不相合。他因此除了借此否定单线演化论中所蕴涵的历史必然性之外，另且必须说明：何以实然的变化不曾依循所谓自然的路向？是否要使实然和自然的发展合而为一？如何能使二者合而为一？在这些部分，梁漱溟一方面以多元发展论解说西中印三文化的源起，另一方面则延续单线演化论的部分理路，指出西方和中国当前应取的走向。”见杨贞德：《人心与历史：梁漱溟文化保守主义中的进化论述》，《转向自我：近代中国政治思想上的个人》，生活·读书·新知三联书店2012年版，第284—285页。

家，就不得不依循“现代”的标准，参照西方的政治法律制度来建立立国之本；但这些制度又导致了文化和制度之间的不匹配，随之就会面临到底应该是制度来适应文化还是文化来适应制度的难题。保守主义之所以经常体现为调和论与融合论，主要原因就在于文化坚守和制度变革都是保守主义者所期冀的目标。因此，进化论的思维和多元主义的观念经常会在一个人的思想中“兼收”共存。

梁漱溟在这部以讨论文化为主的作品中，其实已经提出了他后来在《乡村建设理论》中出现的关于未来中国制度构想的雏形。

在“就生活三方面推说未来文化”一节中，梁漱溟提出了他对人类未来的生活状态的构想。

其一，从物质生活层面，梁漱溟认为不合理的经济模式必须要改变。虽然他没有提出具体的设想，但他认为人们会逐渐从物质欲望中解脱出来，在未来社会，物质生产会趋于从属的地位。这一点很类似于中国人的生活方式。在生产上，对于工作兴趣的关注和崇尚艺术化生产的取向，都与中国人的生活趣味相同。

第二，在社会生活层面，梁漱溟说，无论是专制还是共和，统治人民的方式都是依靠法律。然而这种不近人情的统治方式必将会被淘汰，刑赏的治理术必然要转变为中国式的情谊生活。即“从情感的活动，融合了人我，走尚情谊尚礼让不计较的路——这便是从来的中国人之风。刑赏是根本摧残人格的，是导诱恶劣心理的，在以前或不得不用，在以后则不得不废；这又合了从来孔家之理想。”[①]因为儒家相信以礼乐代替刑赏的治理之术。

第三，在精神生活上，宗教的兴起是人类初期精神生活所必须的，但随着知识的进步，宗教所依赖的超绝与神秘便不再符合人类的情感。所以只有辟出一条特殊的路来。这条路既具有宗教一般慰藉人心的力量，却又无须主宰者。所以，精神生活必然会以孔子求仁的学问作为主脑。中国作为世界上宗教最微弱的地方，伦理秩序一直替代着宗教的功能。

看上去，梁漱溟希望走一条既物质丰富又精神充沛的道路。他虽然已经意识到中国文化发展出一种较高的精神，但“同时仍信服西洋政治制度为必由的途径；如果中国能建立西洋政治制度，则经济、工业等可有办法”[②]。所以，对于其所归纳出的中国、印度、西方的人生态度取舍上，“第一，要排斥印度的态度，丝毫不能容留；第二，对于西方文化是全盘承受，而根本改过，就是对其态度要改一改；第三，批评的把中国原来态度重新拿出

① 梁漱溟：《东西文化及其哲学》，《梁漱溟全集》第一卷，山东人民出版社2005年版，第521—522页。

② 梁漱溟：《自述》，《梁漱溟全集》第二卷，山东人民出版社2005年版，第24页。

来”[①]。梁漱溟说，中国文化成熟太早，过早地摆脱了宗教观念，因此也难以发展出启蒙思想。因为省去了这样一些过程，所以不待征服自然就去提倡尊重自然，个性未曾充分伸展就去讲究屈己让人。在知识论领域，没有建立起逻辑系统，专好用直觉，导致思想、文化、政治都不甚清明。

在弄清了中国传统的这些“不足”之后，我们并没有必要怨天尤人，也不能用佛教的态度来超脱不足，而是要发挥孔子思想中“刚”的精神，在这个崇尚争夺的世界里，有选择地学习西洋人的精神态度。只是在学习西方的时候，心里要明白，西方文明的样态并非是我们所要追求的理想状态，相反，我们要用中国文化的仁爱态度来矫正。“我们此刻无论为眼前急需的护持生命财产个人权利的安全而定乱入治，或促进未来世界文化之开辟而得合理生活，都非参取第一态度，大家奋往向前不可，但又如果不根本的把他含融到第二态度的人生里面，将不能防止他的危险，将不能避免他的错误，将不能适合于今世第一和第二路的过渡时代。”[②]

很显然，这个时期的梁漱溟虽然已经觉察到中西文化的差异，但依然认为中国要先全盘承受西方的文化，并不

① 梁漱溟：《东西文化及其哲学》，《梁漱溟全集》第一卷，山东人民出版社2005年版，第528页。

② 同上书，第537—538页。

相信可以跨越性发展，也不认可另觅新途。[①] 因此，梁漱溟虽然是要为孔子出气，但实际上他的许多观点与新文化运动的许多人有类似之处，他的三路向在某种程度上是为未来立法。这本身是梁漱溟身上矛盾性的一种呈现，也因为如此，人们对其评论就变得十分矛盾。罗志田分析说：

> 尽管梁漱溟主张下一阶段西方要改从中国化，但细读其书就可知道，中国文化翻身的下一步，其实还很遥远。要待人类“征服了自然，战胜了威权，器物也日新，制度也日新，改造又改造，日新又日新，改造到这社会大改造一步，理想的世界出现”，即生产和分配都有了恰如其分的安排，大家“生存不成问题”，西化这条路才“走到了尽头”，然后可以转入中国化。无论持多么乐观的态度也可以想见，那样一种经过“社会大改造”而出现的“理想世界”，即使可

① 在梁漱溟的《东西文化及其哲学》和关于乡村建设的一些作品出版之后，陈序经将梁漱溟视为复古派。在1930年代所作的批评文章中，他不无讽刺地说，因为梁漱溟没有在西方学习的经历，且阅读西文作品又不甚方便，所以所论中西文化比较含混，特别是对于三路向的说法。他说：“西洋人最初的时候，也许偶一不慎，躐等的错入第三条道路；西洋人经过千多年后，能够转身回来，再跑着那条正当的第一条路。到了现在，竟然能够循序而进，就要跑入第二条路，以至第三条路。中国和印度人自从走错路之后，一直到了现在，无法转回。像梁先生所说若没有外力进门，环境不变，它会长此终古。不但第三条路永无希望进去，就是第一条路，也是无法子退回。”陈序经说，如此看来，中国人实在是太笨了。见陈序经：《东西文化观》，中国人民大学出版社2004年版，第71页。

期，也实在还远。若从当下的处理看，梁漱溟要的就是一个较长时段的全盘西化。

可以说，实际提倡全盘西化的梁漱溟在思想上更接近新文化人，他也自认与新文化人是“一伙子”，并有公开的陈述。但新文化人并不接受他，反而视他为对立面，而且还是“东方文化派”的一个代表人物。[①]

① 罗志田：《守旧的趋新者：梁漱溟与民初新旧东西的缠结》，《学术月刊》2016年第12期。

第三章　乡村建设是一场建国运动

梁漱溟对于中国的发展路向的展望，奠基于其混杂的线性化和多元论的历史观。《东西文化及其哲学》正是要矫正陈独秀等人舍己从人的单线历史观。但正如前文所说，梁漱溟并不能完全否认学习西方的必要性。只是他以多元化的立场出发，认为不能由此否定自身的文化传统。他认为，以陈独秀为代表的新文化诸公将中西问题转变为古今问题的做法并不能把握中国问题的特殊性。

对于借助十月革命胜利而得到迅速传播的唯物史观，梁漱溟则认为，如果过于看重经济问题对于历史发展的决定作用，就会忽视了精神因素对历史发展的影响。在《东西文化及其哲学》中，他指出，历史上如果没有英国人的入侵，那么印度人的生活方式就不会发生那么大的变化。同样，没有西方列强的殖民侵略，中国人也不会那么快地进入现代国家和市场竞争的阶段。所以，中国近现代所发生的许多问题，并非来自于中国自身的内部发展逻辑。西方的经济和政治制度尽管很“精巧”，但并不是搬来就能用。尤其，在中国的历史演进中，绝对不能忽视文化和精神的作用。

梁漱溟并不否认客观存在对于主观意识的影响，但不认可机械唯物史观的立场。在他看来，这种立场会导致人在历史的规律面前毫无作为。“他们都当人类只是被动的，人类的文化只被动于环境的反射，全不认创造的活动，意志的趋往。其实文化这样东西点点俱是天才的创作，偶然的奇想，只有前前后后的‘缘’，并没有‘因’的。”[①]梁漱溟特别重视“精神”的作用，他认为意识固然可以是被决定的，但“精神”并不能被归之于“意识”。西方现代社会之所以得到快速发展，也不能说只是由经济现象所决定的，需要寻求精神方面的原因。由此，他关注文化发展的路向，主要就是要探寻中西不同发展道路背后的精神因素。

在《东西文化及其哲学》一书中，梁漱溟是从心理学的角度去探索精神因素的，他认为西方的心理学固然流派纷纭，但都与孔子的心理学见解相反。这也是中国文化所

① 梁漱溟：《东西文化及其哲学》，《梁漱溟全集》第一卷，山东人民出版社2005年版，第372页。后来，梁漱溟认为1920年代所展开的社会史论争有一些可笑，他倒并不是认为从经济社会的角度来分析中国社会有什么不妥，甚至觉得这是不可回避的。“为什么有好笑呢？当为此研究时，实先有中国社会之历史发展和西洋走一条路线的一大假定。”见梁漱溟：《中国民族自救运动之最后觉悟》，《梁漱溟全集》第五卷，山东人民出版社2005年版，第68页。

开出的第二条路的精神基础。在梁漱溟看来，他所处的时代正好位于第一期文化向第二期文化的转变阶段，这一阶段中应当以孔子的心理学说来较量、勘对。不过，在1920年代末，梁漱溟也曾反思说，这一时期的他并没有真正认清孔子的心理，而是以西方的心理学原理来比附孔子的心理学，没有改掉以前人的态度来理解孔子的成见，因而也没有真正形成他自己对于中国社会的认识。即使在乡村建设运动早期，梁漱溟最初的设想也还是要从地方自治入手，来改变中国人的政治习惯，同时全盘承受西方文化，再用孔子的精神来矫正之。然而，身为问题中人的梁漱溟肯定不会把问题停留在学术性的思考层面，他要把他的思考在实践中加以落实，这也是他决意离开北大进行乡村建设的最直接的理由。

第一节 政治、经济的危机与乡村失败

梁漱溟虽然因为《东西文化及其哲学》一书而获得了巨大的声誉，但纯粹的学术研究并非他的兴趣所在，大学教师的"空谈"甚至让他觉得学术工作并不踏实。他在《自述》中谈到一件事：民国九年（1920年），蔡元培去欧洲考察，北大的老师为之饯行，席间讲话，众教师认为蔡元培此次西行，对中国文化意义重大，说蔡元培可以将中国文化中之优越面介绍给西方，而把西方文化的优越面引介到中国。

梁漱溟听后说，大家的话很有启发，但问题是东方文化有什么可以介绍到西方的呢？如果大家不能确实地说出来，这席话就相当于客套话，“甚少意义与价值”。[①] 如此不留情面的话固然体现出梁漱溟类似乃父的认真性格，更是他不愿意空谈学术而倾向于深入实际的一种生活态度的体现。

其实，在讨论东西文化的关系的时候，梁漱溟的真正关切点则是人生问题和社会问题。其中对于人生问题的分析又是处理社会问题的基础。

在梁漱溟看来，1920 年代所产生的军阀格局、经济衰退特别是乡村破败，最大的根源是“统一国权”没有建立起来。或者说，民国虽然成立，但国家的主权并没有得到维护，而民众的政治参与也无法真切落实。产生这些问题的原因就是在于对西方文化和制度之间的关系认识不够深入。

梁漱溟对于乡村建设的关注，来源于他对于当时中国政治现状的思考。民国建立之后政治的混乱、人民生活的困苦使他深陷于一种困惑和苦恼之中。他摆脱了《东西文化及其哲学》中那种“对西洋文化全盘承受”的观点，坚信“西洋近代政治制度在中国不可能仿行成功”，认识到照搬西方的文化和政治模式之不可行。但是对于中国人将怎样建设新的国家、将怎样建构其团体的生活这样的

① 梁漱溟：《自述》，《梁漱溟全集》第二卷，山东人民出版社2005年版，第12页。

问题则并没有清晰的认识。“吾人今日所处之地位为最苦闷，即是因为政治上旧的新的道路都没有了。旧的道路再不能走回去，因为我们在意识上明白的积极的否认了他。在此情势之下，实无异乎吾人的当前筑起一面高墙，阻着道路，想回去亦无方法通过去。从别一方面言之，新的道路又未能建立起来，不特未能建立起来而且又在无意中，不知不觉挡住了自己的前进。否认了自己所认为的新的道路，以故新轨之不能安立，实与旧辙之不能返归，同其困难，此亦为世人所不之知者。”[①] 因此，如何建立一个新的国家成为梁漱溟所要解决的头等大事，既然以都市为中心的国家建构并没有取得成功，那么就得从农村去寻求出路。他以中西差异为背景来观照中国的农村问题，从而将中西文化差异转化为都市文明和乡村文明之间，何者更为适宜中国迈入现代化进程的问题。在他看来，中国乡村的破坏除了天灾人祸的原因之外，再为致命的原因是因为学习西方的都市文明，导致乡村破败，进而使得中国文化的根基溃败。

梁漱溟判断“苦闷地位”最直接的理据，用他自己的话来说，就是“乡村破坏”。在梁漱溟看来，在城市工商业层面，中国完全无法与西方竞争，那么农村几乎就是中国走向复兴的最后基础，一旦乡村的经济和社会秩序被破坏，那么中国的危机便十分严重。因此，乡村建设是基于近代

---

① 梁漱溟：《自述》，《梁漱溟全集》第二卷，山东人民出版社2005年版，第23页。

中国的种种政治改革或革命方案失败的困局而提出的一种新方案，他也将乡村建设看作是民族自救的最后觉悟。

他从三个方面来概括当时所面临的乡村破坏：（一）政治属性的破坏，比如兵匪和苛捐杂税；（二）经济属性的破坏，外国经济势力对于中国农业的破坏；（三）文化属性的破坏，比如礼俗、习俗的瓦解。

从政治属性的破坏而言，即是指都市文化对农村文明的破坏，现代西方的社会制度及其文化特性是对都市文化的一种总结和提炼，因此“搬到中国来，既安插不上，又失其意义，乃大生其反作用”[①]。

梁漱溟特别强调了土匪和杂牌军对农村破败的加剧，匪兵之患迫使农民进行武装自卫，这又造成了政治上的失能，武力作为国家机器的重要组成部分，应该是只允许国家所有，地方武装的存在破坏了国家的统一和政令的畅达。[②] 梁漱溟认为，在所有造成农村破产的因素中，政治

① 梁漱溟：《乡村建设理论》，《梁漱溟全集》第二卷，山东人民出版社2005年版，第151页。

② 陈志让对比了德国、日本和俄国军队在维护政治安定、统一国家货币制度、发展交通运输等方面的作用，而认为这些国家的军队都极大地推进了本国的现代化发展，而“中国近代的军阀的军队不是现代国家的军队，军-绅政权也不是现代国家应有的政权。……中国的军-绅政权的记录跟德、日、俄的发展途径正相反。它造成中国政局的不安定，破坏和阻挠交通运输，摧残中国的教育，搅乱中国的货币制度。在它统治期间，中国新式工业的进步跟军-绅政权毫无正面的关系”。参见陈志让：《军绅政权：近代中国的军阀时期》，广西师范大学出版社2008年版，第182—183页。

的因素是最为根本的。

就经济属性的破坏而言，梁漱溟认为，现代战争所需的经济支出极大，而中国进行军事建设的资金主要来自农村，因此，战争必然导致对农村经济的极大破坏，更不用说外来物资的输入对中国的手工业和种植业所产生的影响了。梁漱溟对乡村经济崩溃的分析也得到了相关研究的证实。比如，黄宗智通过对这个时期的长江三角洲农村经济的考察后认为，外国资本的进入，虽然刺激到了东南沿海城市经济的发展，但这种发展的“红利”并没有波及周边的农村地区，甚至扩大了城乡的差别。他说帝国主义的入侵“其后果之一是扩大了长期存在的城乡间的鸿沟。当上海，甚至无锡和南通的部分市区以发达的现代化城市的面目出现时，他们周围的农村仍停留于勉强糊口的耕作方式”。黄宗智认为中华人民共和国的成立并没有改变这种城乡差别，甚至进一步拉大了差距。对这个问题的不同认识，其实也是梁漱溟和毛泽东在1953年的政协会议发生冲突的主要原因。“1949年后分隔城乡的鸿沟进一步扩大。当计划推动的工业化加速了中国城市的发展时，过密化增长和政权的征收使中国农村仍停留于贫困。”[①]

“过密化”是黄宗智对于“involution”一词翻译，该

① 黄宗智：《长江三角洲小农家庭与乡村发展》，中华书局2000年版，第145页。

词在很多地方也被翻译成“内卷化”。它最早是历史人类学家吉尔茨在考察印尼水稻生产时提出的，其目的就是描述“小农经济不断发展却长期不能过渡到资本主义商品经济”的这一现象。而后来杜赞奇也将之用来分析近代以来在国家的现代化进程中，农村所遇到的困境。虽然杜赞奇所使用的“国家经纪”观念受到了一定的质疑，但他思考的重点在于两种不同的制度建构之间的转换。在杜赞奇看来，传统中国的乡绅社会可以看作是一种保护性经纪，即国家一般通过宗族和地方绅士来作为收取赋税的经纪。虽然这也不能避免精英群体将负担转移到农民身上，但是这样的经纪活动因为长期置于传统文化伦理的影响之下，所以事实上形成了一种双向的平衡。而中国近代的政治体制变革，国家政权将地方行政机构正规化视为巩固国家政权的途径，因此，借由“乡村自治”建立起一些新的行政机构，比如“区”。这些新机构的建立虽然增强了国家的征收能力，但其所连带出现的大量的人员工资支出，导致国家政权并没有真正获得扩张。这就造成了“内卷化”现象。杜赞奇说：“国家政权内卷化在财政方面的最充分表现是，国家财政每增加一分，都伴随着非正式机构收入的增加，而国家对这些机构缺乏控制力。换句话说，内卷化的国家政权无能力建立有效的官僚机构从而取缔非正式机构的贪污中饱——后者正是国家政权对乡村社会增加榨取的必然结果。”[①]

这种内卷化的现象典型地体现在梁漱溟所批评的“地方自治”的策略上。晚清以来不断有政治家提倡地方自治，而在孙中山的构想中，“地方自治”与“均权”、由训政进入宪政的“建国程序论”共同构成一个完整的思路。孙中山提倡“地方自治”，目标在于训练人民使其能够使用选举、罢免、创制、复决这“四权”，并以由人民选举议员、“议立一县之法律”为完成标志。实质就是中央与地方权力系统的完整建立，其功能涉及委派人员、调查人口、测量并整理土地、训练警卫、修筑道路等地方行政的完整系统。在1927年国民党和共产党的统一战线破裂之后，民国政府开始推出一系列地方自治的法规，并在全国推行。

不过，在梁漱溟看来，如果一种制度并不符合习俗和百姓的认识水平，那么这样的制度必然会与最初构想背道而驰。实际情况也是如此，地方自治机构的设立增加了普通农民的负担，而自治机构也日趋土豪劣绅化。所以他将地方自治看作是“莫大的苛政”。他说：“乡民愚昧懦弱，自是社会经济问题，文化问题；从根本上讲，非经济发展，文化增高，无法免除土豪劣绅的事实。但若本着数千年无为而治的精神，让他们度其散漫和平的生活，却亦不见得有几多土豪劣绅。所怕的是根本说不上自治，而强要举办

① 〔美〕杜赞奇：《文化、权力与国家》，王福明译，凤凰出版集团、江苏人民出版社2010年版，第54页。

自治，那就没有土豪劣绅的地方，亦要造出土豪劣绅。”[①]

梁漱溟从乡村出发寻求解决中国问题的思路并不“孤独”，在1920年代就已经有许多人从不同的角度开始尝试，到了1930年代发展成为一个广泛的社会运动。有一个叫孙晓村的学者梳理了当时乡村建设运动的七个主要的类型。其一是晏阳初在河北定县的实验，想通过社会教育的途径，改变国人愚、穷、弱、私的缺点，使他们掌握生机能力和公共生活习惯。[②]其二是梁漱溟的邹平实验。其三是彭禹廷在河南镇平的村民自卫能力培养。其四是政府主导的县政改革，调查土地人口、整理田赋、推广教育、兴办道路水利建设，以此来改善人们的生活条件。其五是通过组建合作社来提高农民的生产生活水平。其六是以由中央大学、金陵大学主持的推广优良农作物的乡村运动。其七是没有政府行政力量的支持，也没有确定的乡

① 梁漱溟：《敢告今之言地方自治者》（1930年），《梁漱溟全集》第五卷，山东人民出版社2005年版，第245页。

② 梁漱溟晚年在接受美国学者艾恺的访问时，还在说当时同样进行乡村建设的晏阳初“缺乏哲学头脑”，“我觉得他缺乏哲学头脑，‘贫愚弱私’这个看法不高明。比如说‘贫愚弱私’的‘贫’，当时中国的问题，不是‘贫’的问题。……而是‘贫而越来越贫’的问题，就是说中国的社会在那个时候是向下沉沦的问题。向下沉沦，走下坡路，一定要把中国广大社会从走下坡路扭转为走上坡路才行。可是晏先生他缺乏这种看法”。见梁漱溟、艾恺：《这个世界会好吗？——梁漱溟晚年口述》，外语教育与研究出版社2010年版，第155页。当然，他也不同意1920年代其他的乡村治理构想，比如有些省份为防御匪患而组织的团练，这些武力组织也可以成为土豪的帮凶，或自己就成为称霸一方的势力。参见梁漱溟：《乡村建设理论》，《梁漱溟全集》第二卷，山东人民出版社2005年版，第400—406页。

村建设目标，而是根据不同乡村的问题，提出具体解决方案，这主要是由中华职业教育社和燕京大学所推进的农村改进工作。[①] 当时从事乡村建设运动的团体大约有 600 多个，从组织结构来看，有官方的、半官方的、学术团体的，还有地方实力派等。这些方案都取得了各自的成绩。

在梁漱溟看来，这些那些林林总总的乡村建设方案虽各有所据，但缺乏对于中国社会矛盾的深刻认识，因而会落入头痛医头的局部性方案，难以提供整体性的思路。梁漱溟并不将乡村建设看作一种对于乡村具体问题的解决，而是要以此出发对中国社会组织结构重新整合，所以他将乡村建设看作是一场建国运动。“作乡村运动而不着眼整个中国问题，那便是于乡村问题也没有看清楚，那种乡村工作亦不会有多大效用。须知今日整个中国社会日趋崩溃，向下沉沦，在此大势中，其问题明非一乡、一邑或某一方面（如教育一面、工业一面、都市一面、乡村一面等），所得单独解决，所以乡村建设，实非建设乡村，而意在整个中国社会之建设，或可云一种建国运动。”[②]

梁漱溟认为中国近代失败的最大病因就是既盲目追随西方又反对西方的自我矛盾。“近二三十年间事正为维

① 参见孙晓村：《中国乡村建设运动的估价》，千家驹、李紫翔编著：《中国乡村建设批判》，生活·读书·新知三联书店2012年版，第40—43页。

② 梁漱溟：《乡村建设理论》，《梁漱溟全集》第二卷，山东人民出版社2005年版，第161页。

新革命先进后进自己捣乱自己否认之一部滑稽史。……始则相尚以讲求富强，乃不期一转而唱打倒资本主义、帝国主义矣！始则艳称人家的商战以为美事，今则一转而咒骂经济侵略以为恶德。模仿日本之后，菲薄日本；依傍苏俄之后，怨诋苏俄；昨日之所是，今日之所非；今日寇仇，昨日恩亲。”① 或许是受到陈独秀的启发，抑或更是为了批驳陈独秀的“最后的觉悟”，梁漱溟也用了所谓“最后的觉悟”这样的词汇，在他看来，陈独秀的“最后觉悟”并没有找准中国的病根，既然当时西洋的一切形式上的制度都已经学了，还是没有用，就需要有新的“觉悟”。“中国人学西洋，学到这一步，也就完了。更没有什么可学的了；不觉悟，也会要觉悟了！今后除非中国民族更无前途，即也没什么自救运动再发动起来；如其有之，新运动的倾向，将不能不从‘民族自觉’开始。”②

这样，梁漱溟把政治危机和经济危机的根子找到文化这边，认为要解决政治问题和经济问题，还是要从文化

① 梁漱溟:《乡村建设理论》,《梁漱溟全集》第二卷，山东人民出版社2005年版，第199页。

② 同上书，第486页。在《中国民族自救运动之最后觉悟》一书中，梁漱溟对这一点说得更为具体，他提出“欧化不必良，欧人不足法”，其理由是中国人的基本精神与西方文化之间的差别，因此，虽然西方凭借近代的制度变革而获得了巨大的发展，但这并非中国所能学。同时，西方文化建立在利益追寻基础上的侵略、掠夺和对其他民族的欺凌则是应该被抛弃的。因此，最后的觉悟应是立足于自身的文化特征而进行制度创新。参见《梁漱溟全集》第五卷，山东人民出版社2005年版，第112—113页。

入手，要以乡村为根，以老道理为据，另外创出一个新文化来，以此“开出新道路，救活老民族”[1]。这个新道路，既不是对西方政治制度的简单模仿，也不是对传统中国社会秩序的回归，而是以中国传统的价值和社会习俗为基础的“新建”。基于此，他一定要区分乡村建设运动与地方自治的差别。“我们所标举得‘乡治’或‘村治’，并不是地方自治或者村自治的简称，而是一个有特殊意义和整个建国计划的主张。不过要从乡村入手，又归本于乡村”[2]，认为这两者不可混同。

第二节　从广州到河南村治学院

1960 年代梁漱溟在回顾时曾说，他之所以要从事乡村建设，是试图训练乡村民众养成自治的习惯，但又不像西方人那样，仅以保障个人权利为目标。他说：“我以一个生长大都市（北京）的知识分子而发愿投身乡村建设运动者，最初动机就是想从小范围的地方自治团体入手以养成国人从事民主政治生活的能力。中国要走向民主，全在从散漫转进于组织、全在国人学习组织团体来生活，在

① 梁漱溟:《乡村建设大意》,《梁漱溟全集》第一卷，山东人民出版社2005年版，第614页。

② 梁漱溟:《敢告今之言地方自治者》(1930年),《梁漱溟全集》第五卷，山东人民出版社2005年版，第252页。

政治上就是组成地方自治体，在经济上，就是组成互助合作社，却非要像西洋人那样起来争求个人自由和公民权利，西洋人那种争求，虽表见一种离心倾向，却适以矫正其过强的集团生活之偏弊，而得其中道。事实相反，中国人在集团生活上既病在向心力不足矣，则必进求组织以补救之，乃为适当也。"[①] 在梁漱溟看来，中国人由于缺乏宗教传统，难以有团体生活的训练，故而乡村建设试图通过伦理情谊来建立起团体生活。既然是伦理团体就不会像西方那样的将团体的凝聚力建立在个人权利的基础上。所以，他要从乡村出发来培育新的政治习惯。

1924 年，梁漱溟离开北大之后，先是去曲阜筹办大学，未有结果，转而与菏泽一带的地方实力派王鸿一[②] 创办高级中学和筹办"重华书院"。在这个中学里，梁漱溟主要讲述他自己对中国问题的一些基本看法及其人生哲学。"梁漱溟曾在这个学校的开学典礼上，讲到他的'人

---

① 梁漱溟：《中国——理性之国》，《梁漱溟全集》第四卷，山东人民出版社2005年版，第440页。

② 王鸿一(1874—1930)，名朝俊，字鸿一，清末濮州沈口里刘楼村人（今属鄄城县张志门乡）。民主革命时期革新派，教育家，菏泽一中奠基人。曾积极反对袁世凯复辟。1921年，梁漱溟在山东济南第一中学讲演东西文化和哲学，王鸿一对其甚为钦佩，结为好友。他们一起商讨复兴中国文化的措施，认为村治为最有效的方法。在韩复榘支持下，经过几年的筹备，他同梁漱溟在曹州办起了"重华书院"(1929年春迁到郓城黄安)，办学经费全靠王鸿一筹措。后又在北京办《中华日报》《村治月刊》，在百泉设村治学院。

生之感'，联系到他父亲（梁巨川，前清官吏，民国初年投北京积水潭而死），痛哭流涕，引起许多青年也随之哭泣，更加相信他的'真诚'。"[①]来这个学校讲课的还有熊十力、黄艮庸等，还有许多梁漱溟在北京大学教书时的追随者。这个学校虽然不大，但它培育一种以尊敬梁漱溟为主的"师道"观念，互相依靠、互相支持，长期参加梁漱溟组织的一些活动，许多人成为梁漱溟乡村建设运动时期的骨干。

1926年，北伐战争爆发，梁漱溟和熊十力等人与陈铭枢因为都推崇欧阳竟无的学说而相友善，梁与熊想通过陈落实乡村建设的一些设想，并先派王平叔和黄艮庸去担任"幕僚"，介绍梁漱溟的一些设想。在行军途中，陈铭枢给熊十力和梁漱溟写了一封信，表达了对梁漱溟"实践"精神的佩服。信中说：

> 冥兄力儒，留心世务，儒以济世为用，岂此时当不可出而问世乎？今日救世之术，唯有革命。革命之学，不在乎深邃、繁博，乃在乎人人易知易行，在于深中人人之心目中，在乎领导者精神之所表现，人格之所感化！！若夫研学愈深，而怀疑愈甚，求知愈邃而虑事与怯，怀疑多则无一定之见，心志怯则无可为

① 东畅整理：《我所知道的抗战前山东乡村建设派的活动》，《文史资料选辑》第三十七辑，文史资料出版社1980年版，第174页。

之事……其可鄙者乃反博清高之俗誉，此古今学者之通病也。非豪杰之士，旷然以救济为怀，学以建行，行以验学，学行相济而不悖，岂可与语世间事耶？！冥兄之学，务求实践，好善之诚，贞固之操，超然流俗之外，岂非弟所谓豪杰之士哉？！其犹不可问世，世无可冀之人矣。①

可见，陈枢铭是很期待梁漱溟的“问世”的。因此，在1928年李济深和陈铭枢先后开始担任广东省主席的时候，梁漱溟便前往广州，准备模仿中国共产党曾经尝试过的“农民运动讲习所”的方式。在广州开办“乡治讲习所”。

梁漱溟到广州后，见到李济深就讨论什么是中国最为要紧的事，李济深的回答是：“最要紧的是统一，建立一个有力的政府。”并说要依靠组织化的政党和军队来实现统一。梁漱溟显然不同意这种看法，他认为国家在短时期内很难实现统一，政党可能是统一的障碍。随后两人之间又有一次谈话，他对李济深说：“中国在最近的未来，将不能不是分裂的小局面，而在每一个小局面中拥有权力的人，下焉者便祸于地方，上焉者或能作些建设事业，这都不是我期望于你的，我所期望的是你能替中国民族在政

① 梁培宽编：《梁漱溟往来书信集》（下），上海人民出版社2017年版，第718页。

治上经济上开出一条路来，如何开这条路，则我所谓‘乡治’是矣。”[①]

李济深和陈铭枢都是有所追求的现代政治人物，他们或许不会认同梁漱溟的设想，但给了梁漱溟一个机会。于是，梁漱溟就起草了一个《请办乡治讲习所建议书》，但这个建议一直处于审批状态，最终也就无疾而终。然而，梁漱溟的观点在其中却表述得十分清晰。他说，近代以来的种种社会变革，均如“云烟过眼”，原因在于国民没有养成新的政治习惯，不可能得到效果。“新制度之运用实有资于新习惯，彰彰明甚。此新习惯之养成，大有待于训练，实非一朝可办。总理建国大纲，不于革命军事终了，即宣布实行宪政，而必先以训政者，谓宪政实施，非经过由政府知道人民，训练人民之一段工夫不可。”[②] 这其实就是梁漱溟所一直坚持的“政教合一”的原因，即政治的改造必须与民众的教化和训练同步进行，密不可分。

后来，李济深因为卷入蒋介石和桂系军阀之间的冲突而被软禁在南京，梁漱溟见在广东已经没有施展的机会，就北上考察各地的乡村建设状况。在梁漱溟的回忆中，他将自己在山东曹州办学和广东的活动称为其乡村建设运动的第一个阶段。

---

① 汪东林:《梁漱溟答问录》，湖北人民出版社2004年版，第71—72页。

② 梁漱溟:《请办乡治讲习所建议书》，《梁漱溟全集》第四卷，山东人民出版社2005年版，第833页。

1929年春，梁漱溟回到北京。在这个时期，阎锡山在山西省搞村政运动，省政府设有村政处。村政处的任务是办五件事：一是整理村范；二是开村民会议；三是订村禁约，即禁抽大烟、禁妇女缠足；四是立息讼会；五是设保卫团。梁漱溟十分赞成村治中由民自治的原则，但也提出了许多问题，认为需要考虑中国的农村改造到底是要让农民积极参与还是无为而治，这也是他后来在邹平的乡村建设运动时所遇到的最大困难。

在河南，梁漱溟还参与了村治学院的筹建。河南村治学院是王鸿一在冯玉祥的赞助下创建的，其主事人大部分是河南人，其中包括院长彭禹廷、副院长梁耀祖（字仲华）和王怡柯。为什么河南也与山西一样倡导村治呢？主要是因为河南为战略要地，经常发生战乱。战争中，败兵逃兵四散，很多人落草为匪，社会秩序很不安定。地方上的一些开明人士、知识分子就想改变这种局面，教育农民，破除迷信，建立自卫组织。基于这种动机，他们办村治学院。因为梁漱溟所搞的乡治与他们有共同点，所以，他们邀请梁接办《村治月刊》，担任河南村治学院教务长，主持学院的具体工作。1929年，梁漱溟到辉县百泉任河南村治学院教务长，并接办了《村治月刊》。这个月刊是阎锡山资助王鸿一在北京出版的，王鸿一也是邀请梁漱溟去山东办学的推手。

村治学院实质是一个有“组织”的训练学校。“在往者之民族自救运动中，亦未尝不有知求组织者，如历来之求为政治的民治化是已。然毕竟为错误的。以其着手在国家，而又唯于政治一面求之，则固未为知求组织也。政治之进于组织所以必要，以经济之进于组织的也。”①

在河南，梁漱溟还起草了村治学院的章程。1929 年底，河南村治学院招收了第一批学生，人数在四百人左右。不过，这一次依然难以善终，脆弱的国民党政权根本难以真正制约各地的强豪。正当村治学院渐入佳境之时，蒋介石、阎锡山、冯玉祥之间的中原大战爆发，河南是主战场。村治学院难以继续办下去，学生学习了不足一年，便草草结业，1930 年 10 月学院也就结束了。这被梁漱溟称为其乡村工作的第二阶段。

第三节　邹平的实验

梁漱溟说过，假如不是民国以来社会矛盾的全方位爆发，不是中国社会陷入彻底的绝望，那么人们就不会寻求新的解决中国问题的方法和途径，那么新的方向就不可能转出来。“譬如清末康梁学说盛行的时候，一切问题都含糊不清，到民国八九年新青年派就清楚一些，到共产党更清楚些；就是因为当时对于中西文化的真正冲突处，尚

① 梁漱溟：《河南村治血缘旨趣书》，《梁漱溟全集》第四卷，山东人民出版社2005年版，第915页。

不能辨别得清，所以不能产生一个解决之道。”[1]这就是说，虽然不同时期的政治力量对于中国问题症结的了解逐步清晰起来了，但是解决之道却并不明朗，经过了在广州和河南不成功的尝试，以及对于其他乡村建设方案的考察，梁漱溟的乡村建设思考越发成熟。而这个时期又有了一个机缘，他遇见了对他十分佩服的倾慕者韩复榘。

1922 年，韩复榘还是冯玉祥手下的一个团级将领，他在北京南苑听过梁漱溟的演讲，并对其思想十分佩服。直到 1929 年河南村治书院时期，梁漱溟得到了时任河南省政府主席韩复榘的大力支持，两人开始有了正式交往。

在蒋介石和冯玉祥的战乱结束之后，韩复榘改任山东省政府主席，“在山东办一个像村治学院这样一类的学校，便在那时也开始酝酿起来。在百泉的人们，也觉得有把握，所以离开百泉的时候，都相约‘在山东见面’”[2]。1930 年 11 月，当原河南村治学院副院长梁耀祖与韩复榘面谈后表示，愿意接受韩复榘的邀请，并请梁漱溟一起来山东搞乡村建设，韩复榘十分高兴。他曾经说过：“军队需要整理，不整理早晚要垮；政治也需要改革，不改革也是早晚要垮的。”鉴于河南的经验，韩复榘对梁漱溟十分信任，

---

① 梁漱溟：《乡村建设理论》，《梁漱溟全集》第二卷，山东人民出版社 2005 年版，第 275 页。

② 东畅整理：《我所知道的抗战前山东乡村建设派的活动》，《文史资料选辑》第三十七辑，文史资料出版社 1980 年版，第 179 页。

他呼吁部下支持梁漱溟的一切计划："我不会改革，请梁先生帮我们改革吧！"

1931 年初，山东邹平的乡村建设研究院成立，并马上开始招生，6 月 15 日就开学了，其中梁漱溟担任研究部主任，研究院的许多负责人都是其学说的信徒。研究院的课程只有一门"乡村建设理论"，由梁漱溟自己授课。此外，他还每周进行"朝会"，作为讲课的补充，主要是谈他自己的人生体会和社会理想，后来编辑成《朝话》出版。

训练部的课程比较多，包括党义、乡村建设理论、精神陶炼、乡村自治、乡村礼俗、农村经济，还有许多农业、畜牧业和社会调查与统计的课程。第一期还增设了自卫训练组、凿井训练组等课程。从中我们可以看到这个乡村建设研究院的课程是理论与实际相结合的，特别是开始了一些农村建设中的实用性课程。1933 年，梁漱溟等人又建议开设菏泽分院，而这也是梁漱溟第一次来山东办学的地方。这个研究院总共培训了一千五百多人，其中大多数人都参加了乡村建设的实际工作中。

1935 年之后，梁漱溟所抓的主要工作一是地方行政改革，二是民众自卫训练。事实上，乡农学校的建设同时也是行政改革的一部分。"研究院开办的时候，就指定邹平县为实验区，一切用人行政，都由研究院主持。1933 年又划菏泽为实验县。1934 年又在菏泽实验县设研究院第一分院。1935年又以菏泽为中心，增划济宁等十三县（共十四县）为‘县政建设实验区’，设区长官公署于济宁，以王绍常为试验区长官，改组区内各县政府，并推行菏泽县所办的‘乡农学校’于各县。1936年3月，研究院又请准韩复榘，划济宁等十县为第一行政区，划菏泽等九县为第二行政区，划临沂等八县为第三行政区。分任梁耀祖、孙则让、张里元为各该区的行政专员，普设乡农学校于所属各县。”[①] 很显然，这个乡村建设运动的确是按照经济改革和社会改革相结合的方式推进的。

大多数后发国家的现代化之路一般都是由国家主导的，日本和德国皆由此而获得成功。梁漱溟鉴于国权建立的困难和对国民政治习惯的理解，将社会重建的重点放在农村。他坚信，这正是其立足于中国文化和政治的特点而发现的唯一可行性的出路。在他看来，中国人素来没有现代民族国家的观念，古代国家一般以无为而治作为最高理想，所以，很难依靠国家的意志来推进社会变革。任何政策如果经由政府提倡而落实，必然会走向事情的反面。但是，传统中国以家为范围的血缘共同体又难以开展乡村经济活动。那么，启发培育中国人的团体生活以乡为单位就比较合适，然后才能逐步从乡村小范围的发展扩展到整个

① 东畅整理：《我所知道的抗战前山东乡村建设派的活动》，《文史资料选辑》第三十七辑，文史资料出版社1980年版，第184页。

社会。[①]

在比较了吕坤等设计的古代乡约原则和民国时期根据个人权力的原则而设计的乡村自治条例之后，梁漱溟发现，个人至上的地方自治实践导致传统中国乡约中“德业相劝、过失相规、礼俗相交、患难相恤”的精神已不复存在。在现代社会中，如果一个人犯了错，首先想到的不是进行教化，让其改过，通常的做法是通过法律严肃处理，其后果是使犯错之人因失去脸面而无法在乡村社会中容身，他的现实处境会十分恶劣。这样的组织样态失去了中国人价值中的伦理情谊、人生向上的精神支撑，不能称之为良善的秩序。因此，梁漱溟提倡乡村建设运动是要将传统乡约的精神与现代的组织结合起来，在组织样态上不仅是一个自治组织，也是一个教育组织。

乡村建设固然负有培育新的政治习惯的使命，但也要发展经济以改善民众的生活水平，并以此为基础整体提升中国的经济能力。所以，乡村建设还具有经济组织的内容。由此，梁漱溟所设想的乡村建设的过程和目标，分为

① 梁漱溟认为，他所提出的以农村为起点、以乡为单位进行乡村建设是最为合适的，其理由包括：适合中国人的理性发挥；农民更具有情谊；农民所要应对的是动植物，所以充满温情；农民比工商业者要从容；农业适宜以家庭为单位；乡村人有乡土观念；乡村是一种自然而产生的社会组织，而都市则不是；新政治习惯应该由小推及更大范围。参见梁漱溟：《乡村建设理论》，《梁漱溟全集》第二卷，山东人民出版社2005年版，第314—319页。

以此循序的四个阶段：乡村组织、政治问题、经济建设和理想社会。而作为乡村建设起点的乡村组织的制度构建，则是一种叫“乡农学校”的组织。

梁漱溟指出，乡农学校的前身是传统中国社会乡村自发产生的乡约。这个机构由四部分构成：（1）校董会；（2）校长；（3）教员；（4）乡民（学生）。虽然看上去与一般的学校没什么不同，但其内容却是大不相同。这类学校有一个覆盖的范围，由一百多户到三四百户不等，校董会由当地的乡村领袖人物担任，并从中选出一个校长，教师则当外请。主要给乡村推广科学技术知识，并沟通起乡村和城市。[①]

不同的乡农学校要建立互相联系的机制，就必须处理跨区域的问题。在这个问题导向下，要建构起更高一层级的被称为“乡”新的制度体系。这也由四部分构成：（1）

① 千家驹在批评梁漱溟的乡村建设运动时认为，梁漱溟的乡村建设属于本末倒置。他指出，任何秩序都是建立在经济基础之上的，而非由经济基础去适应固有的礼俗。对于乡农学校的建设，他也认为这样由乡绅构成的校董会只可能是旧秩序之披上新外衣，根本不可能达到组织农民和教育农民的作用。参见千家驹：《中国的歧路——评邹平乡村建设运动兼论中国工业化问题》，千家驹、李紫翔编著：《中国乡村建设批判》，生活·读书·新知三联书店2012年版，第158页。李紫翔说梁漱溟的乡村建设运动存在着方法论的“误区”：以礼或习俗作为乡村建设的出发点和归宿是倒果为因的主观认识。同样，梁漱溟的“新礼俗”并没有依据新的社会变革而建构，而是宗法思想的复活，所以他事实上存在着“保守主义的强烈主观要求”。参见李紫翔：《“乡村建设”运动的评价》，同书，第177—178页。

乡长；(2)乡农学校；(3)乡公所；(4)乡民会议。乡公所与政府的序列接轨，而乡民会议则决定该地区的事物，以实现地方自治。而乡长则超越这两者。他既要负责行政事务，同时也要担负教育训诫的责任。在这样的框架下，乡村组织可以做如下事情：其一，使农民的精神复苏而发动其进取心；其二，引导农民在新组织中学会合作办事；其三，将科学技术引进农村；其四，提高农民的信用以有助于金融流通；其五，为建立合作社作准备；其六，从经济上加强社会的一体性；其七，帮助解决阶级问题，从而杜绝以阶级斗争为引子的农民暴力革命；其八，完成合作主义，并使之不偏于团体，也不偏于个人。

乡村组织作为新的政治形式的起点，进一步的发展则是达成国家政治问题的解决，梁漱溟认为当时中国最大的政治问题是国家主权在国际上不能挺立，国内军权和政权分裂，而解决这一政治问题的目标就是实现国家统一稳定。要实现这个目标，其手段是国内各个群体的团结。

中国社会向来有士、农、工、商这样的四民社会之称，放在近代中国，则还有一个军人群体。军人和工商业者各有实力，农民则不然，既无军事实力也无经济实力。但梁漱溟认为，要解决中国问题，这两个阶级都靠不住，所能依赖的群体是知识分子和农民的结合。他认为传统社会的粘合剂是士阶层，而科举废除后，知识分子主要由城市培养并留在城市里，这造成农村缺乏知识群体的知识传播和礼俗教育，因此，要挽救乡村失败的局面，首先是知识阶层要到乡村去。“今所谓知识分子，便是从前所谓念书人。如我们所讲，他是代表理性，维持社会的。其在社会中的地位是众人之师，负着创导教化之责，很能超然照顾大局，不落一边。在辟建理想新社会的工作上说，他是最合条件不过的。”① 因为新的理想社会的建立必须有一批先知先觉者，对农民进行启发和教育，而其自身又没有阶级立场。

政治问题的解决必与经济问题相关，经济问题包括生产和分配。那么在梁漱溟的乡村建设思考中，是如何思考解决经济问题的途径的呢？

梁漱溟认为，由于帝国主义的经济压迫，中国的民族工商业发展受到阻碍，而农业相对受压迫较松，所以要依靠农业谋求中国的发展。发展工商业需要资本，而资本控制在西方列强手中。发展农业主要靠土地，而土地则是一种现成的资源，最终以农业为基础，引发中国工业的发展，是唯一可能的中国复兴之路。“这样，我们所走的路，就显然与西洋近代国家所走的路不同了！西洋近代是从商业到工业，我们是从农业到工业；西洋是自由竞争，我们是合作图存。”② 所以，乡村建设是从乡村的组织建设开始，发展农村经济，推动工业化，最后达到一种新的文化

---

① 梁漱溟：《乡村建设理论》，《梁漱溟全集》第二卷，山东人民出版社2005年版，第482页。

② 同上书，第513页。

和制度体系。

文化改造和民族自救方略的落实需要以教育作为基础，也就是政治和教育要结合，梁漱溟将此称为“政教合一”[①]。他说西方现代国家的建立主要标志是政治和宗教、知识和道德的分离，但在中国，因为不存在西方意义上的宗教，所以政教合一主要是指道德与政治合一。在这个意义上，梁漱溟认为教育不仅仅是指文化知识教育，关键是道德教化。所以，他认为“教”是“关乎人生思想行为之指点教训”。他说：“在其他过去历史上的民族，‘道德’一事常规宗教包办，故我们政教合一之‘教’与宗教有关，可包宗教。”因为中国的“教”与宗教并无直接关系，所以将之理解为宗教与教育都不甚合适，最合适的说法是“教化”。

在这一点上，梁漱溟提出了两种途径：其一是知识分

① 梁漱溟对政教合一的看法存在于他对于社会发展前景的一种判断，他认为西方近代政治的发展史存政而去教，而中国传统政治则是存教而去政，属于不同类型的政教分离。而理想的社会则是政治与教化的结合。这是因为经济发展和人类理性的进步要求社会对于个人生活有更多的干预。梁漱溟大约有放任主义和干涉主义两分的观念，大约相当于柏林的“消极自由”和“积极自由”，在他看来，政教合一的社会应该是一个“积极自由的社会”。他说：“欧洲自近代初期起，发挥个人主义、权利思想；现在始为经济上之社会本位的要求，法律思想此刻有剧烈的变化，初为个人本位观念及权利本位观念，现在反过来而为社会本位观念及义务本位观念。以前国家对人取自由主义，现在则变为干涉主义。”（见梁漱溟：《政教合一》，《梁漱溟全集》第五卷，山东人民出版社2005年版，第675页。）虽然梁漱溟对于西方社会发展的描述并不一定符合实际，但这却代表了他的期待。

子要去乡村发挥其教育和教化作用；[①] 其二是他认为政教合一的精神是中国传统政治哲学的核心，甚至西方最新的政治学说也逐渐放弃政教分离而转回于此精神之上。

为了区别当时国民党政府喜欢使用的“政教合一”的提法，梁漱溟将这种结合社会秩序和经济秩序合一的模式称为“建教合一”，即建设和教育的统一，因为他觉得政治和教化的合一太具行政色彩，而难以真正发动农民。[②]

梁漱溟认为，从乡村出发来建构中国现代国家是一条最为合适的路径。他说：“中国国家可说是集家而成一乡，集乡而成县，集县而成省，集省而成国。中国这个散漫的国家，一定要求组织，但我们求组织，如果是从家入手，那就太小，从国入手又太大，事实上不能一步登天，所以要从乡村入手。先求乡村有组织，人民有乡村的组织生活，一步一步的做到国家的组织生活。……世界上所有的国家，他的组织不是自觉的。中国今日从乡村完成这个

① 梁漱溟认为近代以来中国革命分为两种：一种是了解国际情况然后来进行维新变法或者革命运动。这些维新和革命运动虽然也并不一定能切实解决问题，但总是为最有眼光的人所推行的。而另一种则是教案或义和团运动，这些更接近于仇恨的直接发泄。所以解决中国问题，就需要有知识者到乡间去，去“拖引”他们。“我敢断言，如果这上层动力与下层动力总不接气，则中国问题永不得解决；而上下果一接气，中国问题马上有解决之望。如何可以接气？当然是要上层去接引下层，即革命的知识分子下到乡间去，与乡间人由接近而浑融。”参见梁漱溟：《中国问题之解决》，《梁漱溟全集》第五卷，山东人民出版社2005年版，第217—218页。

② 参见梁漱溟：《乡村建设理论》，《梁漱溟全集》第二卷，山东人民出版社2005年版，第472页。

组织，完成中国的大社会组织。等到中国完成了这种自觉的理性的国家组织，他就可以领导全世界，领导全人类。只有中国人就没有狭隘的国家观念，才没有狭隘的民族意识，以中国人大公无私四海为家的精神，就能够稳定世界的和平，就能够为人类谋福利。”[①] 梁漱溟说未来的中国会避免成为西洋和日本人那种以压制弱小国家来谋取利益的霸力国家，而成为世界上最为理想的新的国家形态。

从这个角度来看梁漱溟的乡村建设运动，他不仅是要解决中国现代化以来的社会危机，还要矫治西方现代性的一些弊病，并将中国因为理性早启而压制的潜能释放出来，而使历史进入中国文明的时刻。“一方面引进先进的生产技术，另方面倚靠合理的社会组织。……此一两面共进的结果，将会产生出一个新社会。”[②]

梁漱溟分六点来描述这种新文明：“一、新社会是先农而后工，农业工业结合为均宜的发展。”“二、新社会是乡村为本，都市为末；乡村与都市不相矛盾，而相沟通，相调和。”他认为西洋社会放弃农村的做法造成了都市和乡村的不平衡，而合理的方式是都市成为经济文化中心，而乡村成为社会生活的中心。“三、新社会以人为主体，是

① 梁漱溟：《中国人的长处与短处》，《梁漱溟全集》第五卷，山东人民出版社2005年版，第982—983页。

② 王远义：《儒学与马克思主义——析论梁漱溟的历史观》，杨贞德主编：《当代儒学与西方文化：历史篇》，“中研院”中国文哲研究所2004年版，第125页。

人支配物而非物支配人。”“四、新社会是伦理本位合作组织而不落于个人本位或社会本位的两极端。”“五、新社会内政治、经济、教育（或教化）三者是合一而不相离的；合一的是正常，相离的非正常。”“六、新社会秩序的维持，是由理性替代武力；而西洋近代国家还不外武力统治，其社会秩序之最后维持在武力的。社会秩序出于理性，靠理性来维持，是正常的；反之，靠武力便非正常。”[①]

对于通过工商业的发展而使中国进入现代化的方式，梁漱溟认为，这不仅在理论上不合适，而且在现实中也不可行。所谓理论上不合适，主要是梁漱溟判断人类历史已经进入合作经济而反对资本主义个人竞争的阶段，而中国因为不能建立起强有力的政府，所以难以开展。从现实的条件看，近代工商业需要机器工厂及市场，中国因为农村凋敝，难以构成有效的市场。梁漱溟说，后进工业国家只能依靠农产品出口去换取机器，而相比之下，农产品的竞争并不如工业产品那么激烈，因此，中国只能走先农业后工业的道路。“中国根干在乡村；乡村起来，都市自然繁荣。可是如走近代都市文明资本主义营利的路，片面地发达工商业，农业定要被摧残，因为农业不是发财的好道，在资本主义之下，农业天然要受抑压而工业畸形发达（这亦是我们中国不能走资本主义路的缘故）。……所以此刻

① 参见梁漱溟：《乡村建设理论》，《梁漱溟全集》第二卷，山东人民出版社2005年版，第558—565页。

我们唯有到乡村来，救济乡村，亦即救济都市；如往都市去，不但于乡村无好处，于都市亦无好处。”[①]

梁漱溟的乡村建设实验，从挽救危机中的农村出发，要为中国人建立起新的政治习惯，并最终要为人类开辟新路。这在理论上是相当自洽的，但是要将之落实似乎也很困难。梁漱溟在开始设计乡村建设的具体方案时，更希望将这场运动操作成一种民间的社会运动。所以，他一直主张乡村运动与现实的政权之间要保持距离。[②]但实际上，乡村建设并没有真正脱离政府的支持，而且政府也希望利用乡村建设来改变中国农村的问题。

即便得到了政府的一些支持，梁漱溟在邹平的实践也遇到很多困难。正如陈序经所批评的："乡村建设运动之在今日好像差不多到了专为着维持工作人员，保存乡建机关而工作的地步。对于乡村，对于农民，精神方面固少有

① 梁漱溟：《往都市去还是到乡村来？——中国工业化问题》，《梁漱溟全集》第五卷，山东人民出版社2005年版，第642页。梁漱溟的这个主张，当时就受到许多的批评，比如吴景超就认为工业化是中国社会发展的方向，而千家驹虽然认同梁漱溟所认为的中国工业化的障碍在帝国主义的经济侵略和政府统制能力的薄弱，但是要发展经济，必须先打倒帝国主义和推翻封建残余，要做到这一点，就不是乡村建设所能完成的，只有走革命一条路。参见千家驹：《中国的歧路——评邹平乡村建设运动兼论中国工业化问题》，千家驹、李紫翔编著：《中国乡村建设批判》，生活·读书·新知三联书店2012年版，第135—165页。

② 按梁漱溟自己的话说就是“乡村运动者自己始终不直操政权”。见梁漱溟：《乡村建设理论》，《梁漱溟全集》第二卷，山东人民出版社2005年版，第440页。

建树，物质方面更少有改造。”[①] 对于乡村建设运动在邹平实践中的不如意，梁漱溟也不是没有意识到。比如他反复论述的作为前景性目标的“用礼俗代替法律”，在利益纠纷日益增多的现代社会要推行也会遇到很多困难。即使是在习俗层面，新礼俗该如何设计也是一件难题。他说：“乡间礼俗的兴革，关系乡村建设问题者甚大。不好的习俗不去，固然障碍建设；尤其是好的习俗不立，无以扶赞建设的进行。所谓合作，所谓自治，都与从前疏离散漫的社会不同。人与人之间关系日密，接触日多。所以行之者必有其道。此道非法律而是礼俗。法律只可以行于西洋，行于都市；若在中国社会，尤其是乡党之间是不行的，何况有法律，亦要有礼俗才行；即法律之行，亦莫不有资于习俗。古时吕氏乡约等，于此是一种参考；第如何因革损益，大不易言。”[②] 这的确是乡村建设实施中各种矛盾的体现。乡村建设一定要吸收西方现代国家在发展经济和组织社会生活上的一些长处，现实环境已经不允许中国人像以前那样过一种天高皇帝远的散漫生活。但新的集团组织如若要继承以对方为重的伦理情谊，如何调和中西制度之间的紧张却又无成例可循。梁漱溟在 1935 年 10 月 25

① 陈序经：《乡村建设运动的未来》，《中国近代思想家文库·陈序经卷》，中国人民大学出版社 2015 年版，第 285 页。

② 梁漱溟：《山东乡村建设研究院设立旨趣及办法概要》，《梁漱溟全集》第五卷，山东人民出版社 2005 年版，第 230 页。

日所作的题为《我们的两大难处》的演讲中，似乎是在叹息；“头一点是高谈社会改造而依附政权；第二点是号称乡村运动而乡村不动。”[①]

依附政权与动员乡民进行自发社会改造之间的内在紧张，这的确是乡村建设的一个“致命”的问题。从梁漱溟自身的认识而言，他通过社会改造让政治经济秩序顺水推舟建立起来的理想是否过于将社会与政治两分看待了？更为关键的问题在于，梁漱溟自己也发现了，在中国如果完全脱离行政系统也难以推进社会改造。

所以，名义上是乡村建设，最后变成对乡村问题深表忧虑的知识分子的自上而下的推动，而乡民则并不一定领情。梁漱溟说：“本来最理想的乡村运动，是乡下人动，我们帮他呐喊。退一步讲，也应当是他想动，而我们领着他动。现在完全不是这样。现在是我们动，他们不动；他们不惟不动，甚且因为我们动，反来和他们闹得很不合适，几乎让我们作不下去。此足见我们未能代表乡村的要求。”[②] 所以，乡村建设运动是否能真正反映乡民的需要，这是梁漱溟自己也感到疑虑的地方。比如，乡村建设运动很难解决农民的具体问题，难以给农民免除苛捐杂税、难以提供资金帮他们改善经济，等等。最为吊诡的是，本来

① 梁漱溟：《乡村建设理论》，《梁漱溟全集》第二卷，山东人民出版社2005年版，第573页。

② 同上书，第575页。

是试图脱离政治权力的乡村建设运动，经常是站在政府一边来改造农民，而不是站在农民一边来改造政府。

最后是关于知识分子下乡的问题。在梁漱溟的贤能政治构想中，知识分子的作用十分重要，因为，知识分子相当于他在分析传统社会中作为“理性”载体的士阶层。在传统社会，士阶层在乡土社会中的作用十分明显，但现代化运动却导致知识阶层“拥挤”在城市中。知识分子应该下乡，去了解农村的真实情况。但现实的情况是，都市化的发展导致知识分子越发集中于城市，而乡村更多则成为一种情怀式的存在。

梁漱溟的乡村建设理论也引发了许多反对的声音，比较集中的批评是针对他对于乡村和都市关系的理解，特别是反对工业化的一些主张。除了前述千家驹、李紫翔等人之外，还有代表“西化”立场的《独立评论》中的许多文章。尤其以陈序经所撰述的一系列批评文章最具代表性。陈序经认为，把中西之别概括为都市文化和乡村文化是不对的。西方的都市文明的发展并没有摧毁乡村文化，只是因为生产力水平的提升，所以农业生产所需要的劳动力减少，这些人自然就会去都市，因此现代化是都市文明和乡村文明并行发展的。接着他又认为梁漱溟以乡村文化来定位中华文化也是不准确的，梁与其他人所从事的乡村建设运动一样，“多是空谈计划，偏重理论”。他认为邹平等地的乡村建设试验区并没有达到乡村建设理论所设想的成果，“梁漱溟先生本来是一个理论家，现在还是一个理论家。这不但是一般普通人的见解，就是从事乡村建设的工作的人也有这种感想。邹平的乡村建设运动对于国人所以有了不少的影响，与其说是由于邹平试验区的工作，不如说是全由于梁漱溟先生的理论”[①]。陈序经最后还不无讽刺地说，乡村建设运动在西方早就开始有人提倡了，国人的乡村建设运动事实上是不了解西方的人误打误撞的“全盘西化”的一种表现，而不可能真正达到文化自觉的目的。

第四节　理性早启、伦理本位和职业分途：文化与社会的互相塑造

陈序经批评梁漱溟是一个“理论家”，认为他在邹平的实践并没有取得实际的效果。而事实上，梁漱溟所主导的乡村建设试验也因为日本的侵略而被迫中断。我们难以预测，如果没有日本的入侵，梁漱溟在山东的实践到底会有什么成绩。但另一方面，梁漱溟的确以他的创造力对乡村建设做了理论阐述，而其最为富有价值之处或许并不只是在乡村该如何建设，而在于他对于中国社会的特殊性

① 陈序经：《乡村建设运动的将来》，最初发表于《独立评论》第196号（1936年4月）。转引自《中国近代思想家文库·陈序经卷》，中国人民大学出版社2015年版，第282页。

的认识。在乡村建设的理论思考中，有一个观念越来越被梁漱溟所重视，这就是“理性”。他逐步放弃了《东西文化及其哲学》时期的“意欲”和“直觉”概念，认为通过“理性”，可以把握住中国人心理的核心观念，也可以由此将他的社会建设置于合乎中国人的文化特质的基础之上。

在1926年就开始写作的《乡村建设理论》一书中，梁漱溟将“理性”看作是中国人的“民族精神”。[①]他指出，中华文明的长处在于社会秩序能自自然然地维持，其力量主要可以分为教化、礼俗和自力，这三者都是人类理性的组成部分。

梁漱溟所采用的“理性”概念，与我们习惯的西方启蒙理性（reason or rationality）有很大的差异，他进行了自己所独有的解释。他说：“所谓自力，即理性之力。礼必本乎人情；人情即使理性。故曰：‘礼者理也’。非与众人心理很契合，人人承认他，不能演成礼俗。至于教化，则所以启发人类理性；是三者总不外理性一物贯乎其中。”[②]

① 贺麟先生看到了从直觉到理性的转变，并强调了概念内涵的连续性。他说，梁漱溟的直觉和理性是完全同一之物，理由包括：在梁漱溟的思想中，（1）理性和直觉一样，都是与理智对立的东西；（2）理性是一种含有情感成分的道德的直觉，或伦理的情谊；（3）理性所表示的是物我一体、人我一体的神秘境界，凸显的是人类生命之和谐。参见贺麟：《批判梁漱溟的直觉主义》，《梁漱溟思想批判》第一辑，生活·读书·新知三联书店1955年版，第111页。

② 梁漱溟：《乡村建设理论》，《梁漱溟全集》第二卷，山东人民出版社2005年版，第181页。

虽然在不同的地方，梁漱溟对理性的解释略有差异，比如他也曾经说过理性是中国人“平静通达的心理”[①]，但总体所指则可以用“伦理情谊”来指称。

就此，梁漱溟认为中国人“理性早熟”。他说，理性在中国文化中开发得比较早，导致中国人早期生活中并没有建立起一神教式的宗教，因而没有培育出团体生活的习惯。在他看来，在人类社会的早期，宗教提供了人们之间互相团结的力量。用信仰的力量来维系人心，规范人们的行为。但是孔子所创立的文化态度与此不同。“他不建立一个大的信仰目标，他没有独断的（dogmatic）标准给人，而要人自己反省。……他尤不以罪福观念为宰制支配人心之具，而于人生利害、得丧之外指点出义理来；并要你打破这些祸福、得丧念头，而发挥你本有的是非、好恶之心。他相信人有理性，他要启发人的理性。”[②]

无论是早期的“直觉”，还是乡村建设时期的“理性”，梁漱溟都试图由此找到中国人习俗和思维方式的基础。他用“理性”和“理智”来区分中西。他把西方人偏向自然事物，详于物理、科学的思维特点称为理智，而将中国人偏重于社会人事、注重情理的思考方式，称为理

① 梁漱溟：《中国文化要义》，《梁漱溟全集》第三卷，山东人民出版社2005年版，第123页。

② 梁漱溟：《乡村建设理论》，《梁漱溟全集》第二卷，山东人民出版社2005年版，第182页。

性。[①] 他说："宇宙间的理，我们可以粗分为二：一种是情理；一种是物理。情理出于人情好恶，偏于主观；物理存于事物，经人考验得来，偏于客观。辨察物理靠理智，体认情理靠理性。理智理性二词，通常混用不甚分。……大抵理智要冷静才得尽其用，就必须屏抑一切感情；而理性则离好恶即无可见。"[②] 他由此得出结论说，中国人和西方人各自发展出各自的思维特征。"近代西洋发达了理智，中国古人则发达了理性。无论中国书、外国书，书里面总是讲了许多理（忠、恕、信、义等），一则讲的多是物理（自然科学、社会科学），显然异趣。"[③] 为了强调理性的伦理意涵，梁漱溟甚至直接说："所谓理性，要无外父慈子孝的伦理情谊和好善改过的人生向上。"[④]

在"理性"思维方式影响下，中国形成了与别的文明所不同的社会生活特征："伦理本位""职业分途"。这个描述有特别明确的针对性，它所针对的是西方文化所发展出来的个人本位和阶级斗争。"西洋始既以团体生活过重，

① 梁漱溟认为，理性早启使得中国人形成了两方面的民族习性："一面是其头脑心思开明通达及其文化成分中少有过于拘泥偏执之事；又一面是其人性情的仁厚和平及其文化成分中夙有谦谦礼让之风，惯能容物。"见梁漱溟：《中国——理性之国》，《梁漱溟全集》第四卷，山东人民出版社2005年版，第429页。

② 梁漱溟：《乡村建设理论》，《梁漱溟全集》第二卷，山东人民出版社2005年版，第185—186页。

③ 同上书，第186页。

④ 同上。

隐没伦理情谊；继又以反团体而抬高个人，形成个人本位的社会；于是他们的人生，无论在法制上、礼俗上处处形见其自己本位主义，一切从权利观念出发。伦理关系发达的中国社会反是。人类在情感中皆以对方为主（在欲望中则自己为主），故伦理关系彼此互以对方为重；一个人似不为自己而存在，乃仿佛互为他人而存在者。这种社会，可称伦理本位的社会。”[①]“互以对方为重”是梁漱溟对于中国社会伦理特质极为精彩的概括。

中国之所以形成伦理本位的社会，主要是基于家族观念对于社会和政治的影响，对于试图构造新的政治习惯的梁漱溟来说，伦理本位社会的最大缺陷是难以形成超越家族的团体生活，总是各人自扫门前雪，对公共事务漠然置之。西方社会与中国不同，在历史上因为宗教和民族国家代兴，宗教和国家间的争夺才形塑了人们的团体生活习惯，而使得个体难以突出。西方近代的启蒙运动就是要寻求如何突破这样的团体性，如何通过强调个人权利、司法独立和民主制度来重构其团体生活，这是西方社会近几百年来获得高速发展的原因。

在新文化运动时期，社会上流行着一种简单化的看法：西方人重个人，东方人重集体，梁漱溟从宗教观念出发的分析，既看到了西方人重团体生活的一面，也看到了

① 梁漱溟：《乡村建设理论》，《梁漱溟全集》第二卷，山东人民出版社2005年版，第168页。

启蒙运动对于个人权利的重视。

职业分途是梁漱溟认识中国社会的另一个关键词。梁漱溟敏锐地发现，中国古代并不存在阶层固定的现象。他分析说，中国古代因为土地可以自由流通，同时采用遗产均分制的原因，也缺乏类似蒸汽机这样大机器的发明，因此，资本难以垄断，也难以形成固定的阶级，“只有一行一行不同的职业，而没有两面对立的阶级。所以中国社会可称为一种职业分立的社会。在此社会中，非无贫富、贵贱之差，但升沉不定，流转相通，对立之势不成，斯不谓之阶级社会耳”①。

在中国传统社会，职业分途和伦理本位这两个因素交互作用，由此，中国社会的发展所呈现出治乱循环的状态，而无真正的革命。

“革命”一词，在近代中国除了传统的改朝换代之意义外，也被赋予了许多新的意义，比如制度变革中的改良和革命之争，革命就包含了暴力手段的意涵。在思考乡村建设的问题时，梁漱溟对于革命做出了自己的解释，他认为：“革命是说一社会秩序的推翻与改建。社会秩序包含法律、制度、礼俗、习惯而言。一种秩序，即是一套法制礼俗，而其社会之如何组织、如何结构，也即安排规定于其中。所以革命就是否认一种秩序，而要求建立新秩序，

---

① 梁漱溟：《乡村建设理论》，《梁漱溟全集》第二卷，山东人民出版社2005年版，第171页。

其结果也就是社会结构的一根本变革。我们说中国无革命，就是说中国社会结构历久不变。”[①] 在这个意义上，梁漱溟看重的是革命所应该带来的制度变革。而中国以前的改朝换代并不能算是革命，社会的基本的秩序架构并没有因为改朝换代而发生变化，只能算是治乱循环，而不是革故鼎新。

那么，为什么在如此长的时间段里，中国社会没有发生导致体制变革的革命呢？秘密就在于，在伦理社会里，大家的利益和安全得到了保障，没有进行革命的动力。换言之，在伦理社会里，社会秩序的维护主要依靠教化、礼俗和自力，并不是依靠外在的制度和规则的强制，那么体制的敌对力量难以形成。“从来中国社会秩序所赖以维持者，不在武力统治而宁在教化；不在国家法律而宁在社会礼俗。质言之，不在他力而宁在自力。贯乎其中者，盖有一种自发的精神，或曰向里用力的人生。”[②]

1930年代，梁漱溟开始用“有对性”和“无对性”来概括等级社会和伦理社会在社会动力意义上的差别。[③] 在

① 梁漱溟：《乡村建设理论》，《梁漱溟全集》第二卷，山东人民出版社2005年版，第174页。

② 同上书，第179页。

③ “一则是从人类与一切生物所同的‘有对性’出发的人生第一态度；一则是向往人类所以异于一切生物的‘无对性’的人生第二态度。”很显然，这个描述与《东西文化及其哲学》时期相比较有继承，也有很大的变化。见《中国民族自救运动之最后觉悟》，《梁漱溟全集》第五卷，山东人民出版社2005年版，第105页。

他看来，西方文明在近代以来所取得的成就都是这种“有对”精神发挥到极致的结果，其副作用是带来的人对自然和自身精神的戕害。在这一点上，梁漱溟延续了他在《东西文化及其哲学》时期的基本方向，他对中国文化价值的肯定和保存，不仅仅只是要应对中国在近代遇到的困难，也是在为人类文明寻找新的发展方向。

梁漱溟似乎找到了近代以来中国在应对西方挑战过程中进退失据的原因。即几十年来主持社会变革的人对中国自身的文化特点缺乏了解，或是急于追求富强，一味地模仿西方的制度，而没有看到西方的制度是建立在西方人思维方式之上的。因为不能在自身的文化基础上加以创造，所以宪政也好、共和也好，都无法取得成功。无论是 1911 年的辛亥革命还是 1920 年代模仿苏联所进行的工农革命，都是用错了力量。在梁漱溟看来，要应对现代化所带来的危机，就需要国民的凝聚力，加强统一的权力。而近代中国所遇到的最大问题是不能有机地将国民组织起来。而新文化运动之后所提倡个人主义或进行无产阶级革命的结果都与增加国民的凝聚力目标相反，这反而加剧了人们的离心力。

许多时候，人们所提倡的目标和达到这个目标的手段之间也存在着明显的矛盾。比如，革命派的口号是反对专制，但事实上无论是军阀政权，还是后来改组之后的国民党，所起作用的却是无限制的干涉主义，这与尊重个人的理念相矛盾。在当时的梁漱溟看来，民国初期的国民党和1924年改组后的国民党，以及主张阶级斗争的共产党，都不能完成将国民凝聚起来的任务，也就不能完成建立一个有竞争力的国家的目标。

梁漱溟指出，暴力革命的手段无助于中国问题的根本解决，要让中国摆脱困境，还是要从文化改造和民族自救入手。近代以来的革命难以取得实效，是因为革命的动力并不来自于社会的内在需要，而只是一些先觉之士的主观要求，难以获得社会的广泛支持。如果把革命的目标确立为建立新秩序，那么，我们要知道，任何制度之所以能存在，或者说能在社会中发挥其效能，在于这些法律制度和习惯教条背后的文化因素，任何忽视文化根源的制度设计都不可能进行有效的运行。

梁漱溟对于中国政治文化的理解有其独到视角。在他看来，中国政治的基本原则是“是非”，即以知善知恶的角度来评判政治的好坏。西方政治的基础则是“利害”，即使是对于“民主”与“科学”的接受，也“皆以理之所在而倾向之。中国人之革命率以趋赴真理之态度出之；革命势力之造成乃全在知识分子，对于一道理之迷信与热诚的鼓荡，他并没有经济上的必然性，却含有道德意味”[①]。在梁漱溟看来，许多人投身革命完全是因为被

① 梁漱溟：《中国民族自救运动之最后觉悟》，《梁漱溟全集》第五卷，山东人民出版社2005年版，第81—82页。

某种“理想”所吸引，至于这种理想能否在现实中落地则无暇多想。

从上述分析中，我们可以看到，梁漱溟并不是简单地拒绝西方的文明，他身上充满着近代文化保守主义者的矛盾性。他不否认西方自文艺复兴以后所创造的巨大物质财富，同时也承认西方文明体系在制度设计上的创造性。他肯定西方民主制度的合理性有“不能不迷信之处”。他说：“所谓合理是什么呢？第一层，便是公众的事，大家都有参与作主的权；第二层，便是个人的事，大家都无干涉过问的权。前一项，即所谓公民权；后一项，即所谓个人之自由权。在这种制度，大概都有所谓宪法，所以又称立宪制度。……他这种制度，使你为善有余，为恶不足，人才各尽其用，不待人而后治。其结构之巧，实在是人类一大发明。”①

不过，梁漱溟强调不能因为西方的制度取得了成功就意味着这些制度是普遍有效的，就可以简单地移植。从他的多路向文明观念出发，中西之间的差别不是“不及”，而是“不同”。也就是说，并不能将西方的现在看作是中国在未来所要追求的。他的观点在颇有全盘西化的潮流中独具慧眼，因为当时有一种不言而喻的看法，认为中西之间的差别是一种“时代性”的差距，陈独秀等启蒙思想

① 梁漱溟：《我们政治上的第一个不通的路》，《梁漱溟全集》第五卷，山东人民出版社2005年版，第134—135页。

家自不待言，即使是冯友兰等有保守情怀的人也是将东西之别看作是古今之异。这种逻辑势必引发制度和社会改造中的模仿和移植之风，并将当时中国社会所出现的危机和不适应看作是移植不够彻底的后果，或者视为国民性的弊端。

就此而言，梁漱溟有一种自觉的文化多元性和现代性批判的立场，类似于现在所盛行的全球化和本土性关系的思考。他一反流行的观点，承认中国落后是事实，但改变这一现实的方法并不是更加彻底地模仿西方，而是应该摸索自己独特的道路。中国文化的本质特性已经决定了中国不可能跟在西方的后面走，而是必须另寻新路。“中国数千年文化，与其说为迟慢落后，不如说误入歧途。凡以中国为未进于科学者，昧矣谬矣！中国已不能进于科学。凡以中国为未进于德谟克拉西者，昧矣！谬矣！中国已不能进于德谟克拉西。同样之理，其以中国为未进于资本主义者，昧矣，谬矣！中国已不能进于资本主义。不能理会及此，辄以为前乎资本主义社会，而称之以封建云云者。此犹以前乎科学而判中国有宗教，实大不通之论，极可笑之谈，为学术上所不许。中国之于西洋，有所不及则诚然矣；然是因其不同而不及，或更确切言之，正唯其过而后不及。”[①] 这里所提出的不同而不及的问题，对梁漱溟来说

① 梁漱溟：《中国民族自救运动之最后觉悟》，《梁漱溟全集》第五卷，山东人民出版社2005年版，第102页。

有很大的意义，正是由这个“不同”的问题出发，他认为不能亦步亦趋、舍己从人，而是需要面对现实的问题做出建立在自身文化传统基础上的制度创新后再面对西方的强力挑战。

第四章　制度必须从自身的文化中生长出来：中国既不能走西方的路也不能走俄国的路

梁漱溟致力于乡村建设是要摸索一条适合中国自身文化传统的政治发展道路。在他看来，西方的政治制度的建立原则是“制衡”，通过不同利益集团之间的牵制而建立起一种权力和利益的均衡。而中国人注重伦理情感的价值取向，导致政治架构中的制约机制建立不起来，在制度体系的发展上走的是一条与之不同的道路。

不过，梁漱溟并没有将这种差异绝对化，生活在不同文化环境中的人，归根到底都是人，必然会有一些基本的共同点。并在不断的接触中，原先差异很大的文化之间也会产生许多可融合的空间。他提出的中国乡村建设设想，作为一种建构新的政治组织的尝试，也容纳了四点西方的长处：一是团体组织，矫正了国人散漫的作风；二是团体中的参与感，矫正了国人被动的毛病；三是尊重个人，完成了个人人格；四是财产社会化，增进了社会关系。而西方人在权利与义务、自由与责任、平等和差等、财产私有和公共利益方面也因为与其他文化交流而开始产生了变化和调整。

在《乡村建设理论》一书中，梁漱溟强调说，纵然有许多可以结合的地方，但还有一个以什么为基础的问题。他认为中西之间的精神不合之处依然不可克服。比如在权利和义务的关系上，中国人倾向于不谈权利而尚谈义务。“伦理关系顶清楚顶明显的就是义务关系；发挥义务的观念，很可以促散漫的中国人往合里去，且与伦理之意相合。”[①] 在平等观念上，因为没有阶级的存在，中国人容易接受在团体中一律平等的思想。但有两种差等却被认为是天经地义的：一是尊亲敬长，一是尊贤尚智。

梁漱溟一直赞同贤能政治，[②] 他认为过于强调个人自

① 梁漱溟：《乡村建设理论》，《梁漱溟全集》第二卷，山东人民出版社2005年版，第294页。

② 梁漱溟有关贤能政治的观念，在现在有了许多回应者。比如贝淡宁，其《贤能政治》一书强调了儒家式的贤能政治在现代中国政治中的影响，引发了广泛的争议。不过，贝淡宁认为提倡贤人政治很是符合分工十分复杂的现代政治生活。“更普遍地说，我们可以认为‘贤人政治’很明显适合当代‘知识’社会。经济、政治与法律问题是如此复杂，以至于多数选举出的领导人——更不用说普通公民——不能够试图做出稳健而有效的判断。换句话说，公共事业的复杂性本身意味着很大部分进行决策的权力必须置于一群具有机敏头脑的精英手上。这几乎成了现代政治社会的一种功能性要求。”见〔加〕贝淡宁：《超越自由民主》，李万全译，上海三联书店2009年版，第155页。

由和多数人决定的原则，会损害政教合一的政治理想。他说政治是众人之事，但众人之中，糊涂人居多，因此，如果只是强调服从多数人，会造成智者和贤者跟着糊涂人走的危险。教化的意思是让多数人跟着智者和贤者走，所以梁漱溟提倡政教合一就是要将多数人决定的民主原则和尊重智者贤者相结合。“西洋最近流行一种新的政治制度，叫做‘专家政治’。政治问题的解决，尊重专家或学者的意见，不必服从多数。西洋科学发达，所以尊重智者（学者专门家）。中国人看重德行，所以尊重贤者。尊重贤者与服从多数，在西洋政治上将要融会变化，慢慢合一，而在中国政治上一向富于尊重贤智之精神，今后社会团体生活发达，则政教二者天然趋于合一。”①

在梁漱溟看来，西方民主制度中多数决定的原则只是一种省事的方法，多数人赞成并不一定就会得出好的决断，所以最好是多数原则和尊贤尚智共同结合起来。在自由观上，梁漱溟反对无原则的自由，认为如果有合理的理由，就可以对个人自由加以适当的限制。比如个人的行为

① 梁漱溟：《中国之地方自治问题》，《梁漱溟全集》第五卷，山东人民出版社2005年版，第343页。在张汝伦看来，梁漱溟有关知识分子下乡的设想，是贤人政治观念的一种反映。因为构成团体必然要面临一个如何构成团体生活秩序的问题。“他（指梁漱溟）所谓的团体给你自由，实际上是个人没有决定自己如何生活，如何行动的权利，一切应听团体的安排；而团体由贤人掌舵，总是正确的。在贤人政治的条件下，团体只是贤人的代名词，只是操纵于少数人之手的非人的权力。”见张汝伦：《现代中国思想研究》，上海人民出版社2014年版，第587页。

应该接受道德原则的规训。

在财产观念上，中国人向来主张财产是家庭共有的，甚至是家族共有的，并从中培养出节俭的精神和分享的观念，这与西方人的私有财产观念也存有根本的差异。他说："西洋新兴阶级要求政权公开、自由平等，是事实上的需要；而在中国旧的秩序中，多数人正不必有此要求。这种要求，完全是一般知识分子的空想，与事实初不相干。事实如此，而要求如彼，秩序乃建立不起。民治不成功，再来一个党治；而党治也是从外来的，不与自家事实相符，故亦不成功。"[①] 因此，梁漱溟认为中国要走一条自己的政治改进道路，并在 1930 年代写专文来论述这些问题。

1930 年，他写作了《我们政治上的第一个不通的路——欧洲近代民主政治的路》，更为系统地讨论了不能进行简单的制度移植的道理。在他看来，晚清以来以模仿西方制度为手段的救国策是根本错误的，是中国日趋混乱的政治格局之重要根源。

在文章中，梁漱溟一如既往，首先肯定了西方近代以来的民主制度有许多合理的地方，比如公民权（"公众的事，大家都有参与作主的权"）和个人之自由权（"个人的事，大家都无干涉过问的权"）的确立。在此基础上所确

---

① 梁漱溟：《乡村建设理论》，《梁漱溟全集》第二卷，山东人民出版社 2005 年版，第 235 页。

立的立法、司法、行政的分立，极大地遏制了人们做恶的可能性，政权的转移也趋于平稳，避免了历史上的由暴力革命来达成政权转移所导致的生命和财产的损失。因此，这种制度可以带来社会的长治久安。

然而，梁漱溟话锋一转，以 1911 年仿行西方民主制度所建立的中华民国的政治发展史来说明，一味模仿西方的民主建国方案并不成功。为何在西方大获成功的制度移植到中国却屡屡受挫呢？梁漱溟给出了许多理由：首先提出的是物质条件上的欠缺。诸如国人的生存困境导致其政治兴趣的缺失，交通的不发达而导致选举失效。最后是工商业不发达，人们对于自己权力的认识不足。

不过梁漱溟并不认为这些原因是最为关键的，导致西方的民主制度在中国“永远”得不到成功的原因是“精神不合”。

中西精神之不合之处甚多，首先是生活态度的迥异。他说：“态度神情实为生活习惯的核心；而法律制度不过是习惯的又进一步，更外一层。自其人之态度神情以讫其社会之习惯法律制度，原是一脉一套，不可分析。法律制度所以为活法律制度而有灵，全在有其相应之态度习惯，虽视之无形，听之无声，其势力伟大关系重要固远在形著条文者之上。”① 外来的制度和本土的精神不合，使新制度

① 梁漱溟：《我们政治上的第一个不通的路——欧洲近代民主政治的路》，《梁漱溟全集》第五卷，山东人民出版社 2005 年版，第 148 页。

不能实际解决移植地的政治法律困境。

其次，选举制度并不符合中国人谦虚的本性。梁漱溟说，中国人所崇尚的是谦谦君子，尊敬佩服他人，而经常反省自己的不足。但西洋的政治家则到处演讲发文章，强调自己施政方针的优越性，这在中国社会是不太好想象的。中国模仿外国选举制度而参加竞选的人只可能是那些不知羞耻的政治流氓而已。[①]

精神不合的第三个方面在于制衡和礼敬之别。梁漱溟说，西洋政治制度以人性恶为前提，怕你作恶，处处制约。而中国以人为善，样样信任。西洋政治走的是法制的道路，中国政治走的是礼敬之路。礼敬之路反而是人类未来社会的必然方向。“在近代法律制度后更进一阶段的文化便是礼。西洋言法律者，现在已转变到社会本位义务本位思想；以为人只有其一种‘社会职能’和为国家应服之务，而无所谓自由权与公民权的‘权利’。因此，法律的内容最初是义务，其后是权利，最后乃复返与义务。此其意向盖已颇接近于我们。”[②] 在梁漱溟看来，本来应该是先有发达的权利意识，然后再过渡到义务，但中国人因为理性早熟，所以“并两步作一步，径从最初之礼以进于最后之

① 梁漱溟：《我们政治上的第一个不通的路——欧洲近代民主政治的路》，《梁漱溟全集》第五卷，山东人民出版社2005年版，第157页。

② 同上书，第165页。

礼"[1]。所以一些封建制度中不完善之处被保留了下来，而外来的西方近代进步思想却也存在着其内在的问题，这两种观念在近代中国互相制约，也导致了近代民主制度在中国难以落实。

精神不合的第四方面是民主制度并不具备价值理想。梁漱溟认为西方民主制度有三重缺憾："一层，是对外肆行侵略，以旁的民族供其牺牲；二层，是在其国内，亦有以此部分人供彼部分人牺牲之势，或至少是幸福不平等；三层，是表面幸福，未必真快乐。"[2] 所以，他借用罗素的话说，欧洲文明是一种病态的文明。

梁漱溟认为中西文化都是肯定人生、注重现世的，但是对于人生意义的理解是有所不同的，这种不同主要是中国人有独特的人生价值观——"理"。梁漱溟的"理"与宋明理学家的所体贴的"理"有内在的关联，与理学家外在天理和内在道德意识并重的理解不同，梁漱溟更为重视人的内在道德意识的高扬。"人类有其一极强要求，时时互以责于人，有时亦内以讼诸己；从之则坦然泰然，怡然自得而殊不见其所得；违之则歉恨不安，仿佛若有所失而殊不见其所失。——这便是所谓

① 梁漱溟：《我们政治上的第一个不通的路——欧洲近代民主政治的路》，《梁漱溟全集》第五卷，山东人民出版社2005年版，第165页。

② 同上书，第166—167页。

理。”[①]在梁漱溟看来，这种注重理性的方式，虽然导致了中国在短时间内的失败，但从人类文明的发展方向来说，显然是更为合情合理和更为理想的。他乐观地认为，在未来社会，法律制度都将由礼来取代。“现在一般国家所行之法律制裁的方法，实以对物者待人，只求外面结果而不求他心与我心之相顺，粗恶笨硬，于未来社会全不适用；非以教育的方法及人种改良的方法替代之不可。此教育要在性情陶养；那么，莫胜于中国的礼乐。所谓国家，将成为一教育的团体；而凡今之所谓政治，在那时大半倒用不着；法律制度则悉变为礼。”[②]在这里梁漱溟坚持了儒家将政治活动和教育活动相结合的理念，坚信儒家的价值将在未来社会重光。

① 梁漱溟：《我们政治上的第一个不通的路——欧洲近代民主政治的路》，《梁漱溟全集》第五卷，山东人民出版社2005年版，第168—169页。

② 同上书，第170—171页。梁漱溟对于通过法律制裁的方式维持乡村秩序的效果表示怀疑，认为现代中国的法律因为过度模仿西方的法制而难以在中国真正建立秩序，对此，法学家许章润表示同意。但他也认为梁漱溟在对中西法律比较的过程中，存在着对西方法制精神的错误理解，主要有四个方面：第一，梁漱溟对古代中国的私产、家产和王产之间的差异不够注意，因此对私有财产神圣不可侵犯这一基本问题未曾深虑。第二，由于梁漱溟严格辨别理性和理智，因此对西方法律中的“理性”面向认识不足。第三，对西方文化中的基督教的超越性维度缺乏体认，因而对合法性等一系列问题无法解释。第四，梁漱溟固然强调道德和法律不能分为两橛，但他在解释西方法律的时候，将其视为缺乏道德情感支持，也欠妥当。参见许章润：《西方法律文明与近代中国——梁漱溟法律思想研究之三》，《说法 活法 立法：关于法律之为一种人世生活方式及其意义》，清华大学出版社2004年版，第113—114页。

梁漱溟的文化理念有明确的现实指向。在他看来，既然西方的制度并不符合中国的国情且价值上有缺陷，那么就不能将中国革命的重点放在制度移植上，而是要聚焦到“文化问题”上。他说：“中国问题则殊为复杂，且非发自内部，而是由外部引发的。中国革命实非社会内部问题暴发，而且问题很复杂，政治、经济、社会……种种问题，实难指明确定问题性质之所在，只好叫做‘文化问题’了。我常用八字说明中国革命问题，即‘文化改造，民族自救’。”[①] 因此，梁漱溟所谓的“文化问题”其实是“中国政治经济问题”的总称。

在讨论了西方民主政治方式并不能解决中国政治危机的问题之后，梁漱溟接着开始断言俄国共产党发明的道路也走“不通”。《我们政治上的第二个不通的路——俄国共产党发明的路》一文，大约写于1929年到1932年之间，并非单纯针对的是中国共产党在那个时期的政治主张，也包括在共产国际指导下孙中山所进行的国民党改组及改组前后的国民党的革命理论。

梁漱溟一直对中国效仿苏联的方式进行革命持保留意见。他在《乡村建设理论》中说：“俄国的统治者也是一个新的特权阶级，直接用武力，一点不讲法律；如特务队之侦察逮捕反动者，不经审判，即可枪毙。凡是从前资

① 梁漱溟：《中国之地方自治问题》，《梁漱溟全集》第五卷，山东人民出版社2005年版，第335页。

产阶级、知识阶级一切权利自由都被剥夺；如英国式的自由平等的风气，在俄国完全没有，他是反自由、反平等的。工人权力优越，共产党员的权力更优越，他们成了特权阶级。”[①] 共产主义的理想是最终要消灭国家、消灭阶级，为了实现这个目标，就会先实行权力集中的“专政”，这种权力集中的方式并不符合讲究情理的精神气质。

在 1950 年代初，梁漱溟所著《乡村建设理论》一书被认为是反对中国共产党的农村革命的。[②] 也有人说梁漱溟写作《乡村建设理论》是配合国民党政权对红军的围剿，这在政治上有泼脏水之嫌。但梁漱溟也的确是把乡村

① 梁漱溟：《乡村建设理论》，《梁漱溟全集》第二卷，山东人民出版社 2005 年版，第 227—228 页。

② 吴景超在《批判梁漱溟的乡村建设理论》一文中认为，梁漱溟的乡村建设理论萌芽于 1922 年，成熟于 1928 年，“这个时期，正是第一次国内革命战争失败，中国共产党正将工作的重点，由敌人力量比较强大的城市，转移到敌人力量比较薄弱的农村。对于这一伟大的人民解放运动，敌人当然是视为心腹之患的。所以从 1930 年起，敌人对于红军根据地，就连续进行了五次的‘围剿’。同时在思想战线上，敌人配合这五次围剿，也进行了一系列的工作。梁漱溟就在这条反动的思想战线上，担任了一个重要角色。”见《梁漱溟思想批判》第一辑，生活 · 读书 · 新知三联书店 1955 年版，第 11—12 页。即使到了 1980 年代，许多人依然认为梁漱溟的乡村建设是彻头彻尾“反共反人民”的。“他极为荒谬地把共产党领导的革命说成是‘第二个不通’的路，从各方面加以歪曲和污蔑。”他写的书都贯穿着这样的思想。“就是抗战开始以后，全国人民都在共产党领导之下，掀起团结抗战的高潮，而梁漱溟在乡村建设大崩溃之后，竟然还是反对共产党。”所以，“乡村建设的办法，没有一件事是代表劳动人民的利益的”。参见东畅整理：《我所知道的抗战前山东乡村建设派的活动》，《文史资料选辑》第三十七辑，文史资料出版社 1980 年版，第 192—193 页。

建设看作是取代共产党领导的农民运动的手段。他说，农民运动在当下的中国必须要有，但中国共产党所领导的农民运动难以解决中国的问题，原因有三：其一，培养农民自身的力量必须要用慢功夫，而不是疾风暴雨式的动员。共产党“不认识中国社会散漫和平的特质。因为散漫，斗争就无从斗起，亦斗不出个结果”。其二，是不能认识到中国革命的特殊性和中国革命在现阶段的主要任务。梁漱溟认为中国亟须建设，而不是破坏。其三是中国共产党试图建立起全国性的政权，这在中国为不可能。[①] 因此，他认为农民运动是必须的，但共产党鼓动农民暴动的方式不可能达到他们的目标。梁漱溟认为共产党领导的土改运动有暴力的成分，但并不能等同于一般的斗争，其背后有系统的理论支持。他认为这个问题不是那么简单的，这个不简单就是“要想消除共产党的农民运动，必须另有一种农民运动起来替代才可以”[②]。

苏联的经济模式一样也不适合中国，1934 年 12 月，

① 参见梁漱溟：《乡村建设理论》，《梁漱溟全集》第二卷，山东人民出版社 2005 年版，第 409 页。

② 同上书，第 407 页。梁漱溟更为具体地说：“今日中国社会需要整理改造，而不是阶级革命；农民地位需要增进，而不是翻身。以侥幸心理领导农民，以仇忌心理留贻社会，更非所以建设新社会之道。我们终究目的，在农民跻于经济上政治上的平等，刻刻本着这个目的，来调整社会关系，改造社会关系；而此调整改造则需不断地将农民本身力量充实起来，次第以完成之。这就是中国的农民运动，亦就是我们的乡村建设运动。有此运动而后其他的农民运动才用不着，共产党才可以没有。”（同书，第 411 页）

在山东乡村建设研究院发表的题为《中国合作运动之路向》的讲演中，梁漱溟也比较了乡村建设运动所主张的农村合作和苏联所采用的合作化方式之间的差异。梁漱溟认为苏联的合作化方式对于提高生产力，促进乡村的活力是十分重要的。梁漱溟也谈到，他自己对于土地问题如何解决并没有想出妥当的途径。但是他明确指出他所设想的农村财富增值的办法，既不同于个人资本主义，也不同于俄国式的共产主义。

梁漱溟说，乡村建设不同于俄国式的合作社。其一，他认为俄国式的共产主义运动，“压制力量太大太凶”，“简直是让你非合作就不能活”。[①] 在中国因为并没有俄国那样的国家强制力量，所以，难以做到。况且中国人比较倾向于从理性的、自觉的和自然的走向合作。其二，他认为由分散到集中这有一个度，共产到哪一步应该由具体的历史条件决定，不能想当然。所以梁漱溟所推崇的是“合作主义”而非“共产主义”。他认为苏俄式共产主义是过于强调集体而抹杀了个人，而合作主义则“一面大家要求合作，一面团体尊重个人”。[②] 不是完全排斥个人财产合法性的集体主义。

梁漱溟特别提到发生在1920年代至1930年代的农

---

① 参见梁漱溟：《中国合作运动之路向》，《梁漱溟全集》第五卷，山东人民出版社2005年版，第608页。

② 参见上书，第611页。

民运动所具有的“反传统”特征。从根本上说，他是反对当时国民党和共产党所推动的以土地改革为核心的农民运动的，他认为那些运动过于以利益来刺激农民，而且这些利益的获得主要依靠斗争。但在梁漱溟看来，农民真正关注的并不只是在物质的收益上，而在于生活的乐趣，而这样的乐趣的获得要依靠“合作”和“创造”，所谓的合作就是彼此感情好，并在劳动中获得乐趣，创造更多的是“于工作上有自得之乐”。[①] 毫无疑问，梁漱溟对于农民的理解有理想主义的成分，这也是后来他与毛泽东在延安讨论农民问题时的分歧所在。

在《我们政治上的第二个不通的路》一文中，梁漱溟还分析了苏联模式的另一个与中国文化相抵触的地方，即党治问题。梁漱溟并没有完全否认党治的必要性，认为中国革命要取法俄国“党治”以强化组织能力。按照其贤能政治的理论，他是肯定由少数领导人来组织人们进行社会革命的可行性的。这少部分的社会改造者必须建立起严密的组织，因为组织可以发挥更大的领导力，由此，政党的存在是十分必要的。

具体到当时的中国现实状况来看，中国最为严峻的问题在是在政治上缺乏组织性，难以建立统一的国家。在经济上，如果直接与发达资本主义国家进行市场竞争，那

① 参见梁漱溟：《朝话》,《梁漱溟全集》第二卷，山东人民出版社2005年版，第104—105页。

么中国的民族企业就会因缺乏资本的实力和有影响力的产品而变得困难重重，因此，中国要摆脱困境，并在国际上获得竞争力，就要依赖强有力的政府有组织、有计划推进资本和市场的整合，才有可能避免自由竞争所带来的溃败。

从政治层面来说，对中国发展阻碍最大的是帝国主义，如果不能集中革命势力与之作斗争，也难以取得成效。综上，梁漱溟认为有一些人试图取法于俄国共产党的道路是有一定合理性的。

但民国初期的党治实践并不十分成功。为了模仿议会制而匆忙成立的各种党派并非基于政治立场，经常会出现一个人横跨许多党派的例子。即使是比较具有民主意识的国民党也因为与袁世凯的权力之争，而无法发挥团结国人、推动社会进步的作用，其革命目标并无法在政治实践中得到落实。这里面与晚清极为复杂的政治环境密切相关。不过，梁漱溟依然将民国初期政党政治的失败原因归结到文化的因素上。他说政党政治与中国传统的政治习惯和民族精神不相合。其一，中国士人风气散漫，所以要让大家信奉同一主义并依此而团结起来，这与理性精神不合。其二，中国人素来没有团体精神，因此组织能力和纪律的训练都难以落实。其三，中国人自主自立，不愿意依附别人，所以会反对党权高于一切的态度。其四，政党以利害关系为指针，而中国人则讲是非，所以不会被一种抽象的主义所束缚。其五，以前的中国社会与西洋社会不同，中国人崇尚向内用力，而西方人崇尚向外用力，革命党就是聚集力量向外用力的组织，此非中国所能学。其六，中国人崇尚和平，宽容有理性，斗争非其所屑，而政党则以斗争为凝聚力。其七，中国不像一个国家，国家能力不足。其八，以前中国人与外国没有交涉，所以不会愿意模仿俄国共产党干涉个人自由的特性。[①]

紧接着，梁漱溟开始分析，与西方资本主义体制已经取得的成就相比，俄国道路在其本国是否算得上成功还需要时间检验。即便在其本国取得成功，中国想要效仿这条路也是不可能的。他的理由如下：

首先，共产党的主要革命手段是阶级斗争，而中国社会并不存在阶级的观念，工商业的落后又导致并没有成规模的产业工人队伍。中国的农民虽然生活困苦，但因为知识缺乏和忍耐性强，所以革命的动力也不足。小资产阶级，如果“既可以为革命主力，又可为革命对象，当然不是可靠的革命基础了。说来说去，究竟谁革命？殊不易确指”[②]。

不仅谁是革命者难以确定，革命的对象也不甚明了。梁漱溟说，帝国主义和军阀是大家公认的革命对象，在实际的革命过程中，“打倒帝国主义”往往与“不抵抗”并存。因为帝国主义势力过于强大，如果贸然与帝国主义决裂反

① 参见梁漱溟：《我们政治上的第二个不通的路——俄国共产党发明的路》，《梁漱溟全集》第五卷，山东人民出版社2005年版，第288—293页。

② 同上书，第275页。

会导致中国经济的困境。他举例说，日本侵占了东三省，国内许多政治势力还是主张不启兵端、不进行抵抗。

军阀向来是南方革命势力所设定的革命对象。梁漱溟认为，军阀不应该成为革命的对象，因为军阀恰是晚清革命的后果。即使在辛亥革命推翻了旧的秩序后，新的秩序并没有随之建立起来，军阀这才形成了各自的势力范围。既然军阀的产生是因为秩序失范，那么要消灭军阀的最佳方式是将新秩序建立起来，与军阀的军事对抗只会让其获得更多的活动空间。

中国革命所依靠力量和革命对象的难以聚焦，导致的后果便是革命理论的难以统一。无论是三民主义儒家化还是国民革命、超阶级革命等林林总总，都充满着自相矛盾和似是而非。经过这般的分析，梁漱溟又把自己的视野回到他自己的结论中，即俄国共产党的道路与中国的历史习惯、民族精神不合，所以，这条道路也不是中国能模仿的。[①]

虽然，梁漱溟在 1930 年代不再十分强调文化发展的

① 在1936年一个题为《中国社会构造问题》的讲演中，梁漱溟对此有更为简练的表述。他说："社会主义于中国不合——西洋现代的社会主义，也自有它的历史背景，有它的来由。在西洋近二三百年来，个人主义发达的太过了，以致妨碍了社会；个人主义走到极端，发生了流弊；所以就又有社会主义来救正，用社会主义对以往的偏弊作个调剂，仍然求着团体与个人的平衡。可是，我们中国大多数人原来都居于被动的地位，现在我们应当想法子使他由被动转为主动，若反仿行社会主义，抬高团体，抑压个人，岂不是让他更落于被动？！更增加了他的被动性吗？！这那能与我们的要求相合呢？"见《梁漱溟全集》第五卷，山东人民出版社2005年版，第858页。

三路向问题，但是他对中国文化将纠正西方（包括苏联）政治经济模式弊端的信念并没有改变，所以，梁漱溟所倡导的乡村社会建设实践，不仅是解决中国自身经济、社会问题的一个出路，还有一个更大的抱负，即要为世界文明发展找到方向的大的追求。“所谓从民族自觉而有的新趋向，其大异于前者，乃在向世界未来文化开辟以趋，而超脱乎一民族生命保存问题。此何以故？以吾民族之不能争强斗胜于眼前的世界，早从过去历史上天然决定了，而同时吾民族实负有开辟世界未来文化之使命，亦为历史所决定；所谓民族自觉者，觉此也。”①

在梁漱溟看来，西方文明建立在对个人权利的片面强调之上，而在苏联得以实现并影响到中国的社会主义，虽然是对功利主义和自由竞争的一种翻转，但从手段上，则是利用了人与人之间的对立与斗争。如此，无论是模仿欧美还是苏联的政治模式，中国近代以来民族国家建构的努力从大的方向上是错误的，无论走哪条路，都是对中国文化中王道仁义之风的背弃，应通过民族自觉来加以修正。“以吾民族精神早超过一般生物之自己保存性，而进于人类所有之宝爱理义过于宝爱生命之性；吾人今日正当宝爱此民族精神，而不以宝爱民族生命者易之；不然者，苟为生命之保存而不惜吾民族固有精神委于尘土，

① 梁漱溟：《中国民族自救运动之最后觉悟》，《梁漱溟全集》第五卷，山东人民出版社2005年版，第113页。

则顽钝无耻，岂复得为中国人哉！所谓民族自觉者，觉此也。……中国人其果审于世界文化转变之机已届，正有待吾人之开其先路，而毅然负起历史的使命，则民族前途之恢张，固又于此日之志气卜之矣。所谓民族直觉者，觉此也。”①

与当时大多数政治家一样，梁漱溟也坚信中国是具有“后来居上”的可能的。梁漱溟认为，因为中国独特的文化传统，所以中国将比世界上其他国家更早地达成这个正常形态的文明。因为中国是一个“理性”的国度，“现在的国家都不外借着民族斗争阶级斗争这两大力量在那里为种种形式的团结。可是将来阶级要消除，民族之争也跟着要消歇，就没有可以资借的机械力量。此时团体生活的维系，并且要他发育得很好，那就非充分发挥人类的理性不可。”②

① 梁漱溟：《中国民族自救运动之最后觉悟》，《梁漱溟全集》第五卷，山东人民出版社2005年版，第113—114页。

② 梁漱溟：《乡村建设理论》，《梁漱溟全集》第二卷，山东人民出版社2005年版，第567页。

第五章　梁漱溟的路能走得通吗？

如前所述，梁漱溟所进行的乡村建设运动是当时全国性乡村建设实践的一部分。[①] 如果说《独立评论》和其他思想家对他的批评只是一种学术上的争论的话，那么梁漱溟所要面对的基于马克思主义理论所展开的批评就要有针对性得多，因为这些理论背后是一种实践的力量，

① 曹天忠概括说："20世纪30年代初，盛极一时的乡村建设派别的数目，远不止通常所说的陶行知晓庄生活教育，晏阳初定县平民教育，梁漱溟邹平村治，黄炎培、江问渔徐公桥职业教育和高践四、俞庆棠无锡民众教育等三大或五大派别。其实这仅是乡建初潮时的划分，远不足以反映高潮时的盛况。按当时教育名家姜琦的分法，除前述各派之外，同时并存的尚有孙中山、沈玄庐'国民党的农民运动'，汪精卫农村复兴委员会，冯和法中国农村经济研究会，雷沛鸿广西国民基础教育，观点各异的庄泽宣、崔载阳、古楳、子钵、千家驹、杨开道等'普通大学教授'，邰爽秋'念二社派'以及章元善华洋义赈会等十多个派别。"（见曹天忠：《民国时期乡村建设的派分与联合》，《社会科学战线》2008年第2期）并认为各派的立场虽然各异，但始终存在着全国大联合的努力。

而正是这样以农村为基础的暴力革命导致了新的共和国的建立。

在很长时间里，梁漱溟并不认可中国共产党领导的农民运动，虽然他自己承认受到了马克思和共产党的一些影响。在其1930年所作的《主编本刊（〈村治〉）之自白》中写道："你看：共产党的理论，多么值得玩味！有聪明有头脑的人如何不倾向他？共产党的要求，多么值得同情！青年人，有心肝的人如何不倾向他？……革命总不成功，正没办法的国民党，如何能不跟着他走？"[①] 他所谓的国民党跟着共产党走指的是孙中山的改组国民党和容共政策。不过，梁漱溟之所以要自己走一条乡村建设的路，正是因为他认定共产党强行"建构"的阶级和推动暴力革命这些手段是与固有的习俗和社会结构背道而驰的，所以不可能获得成功，因此，他要用他的乡村建设道路来替代共产党的道路。

梁漱溟认为，他所进行的乡村建设在促发农民的自觉、将农民组织起来发挥力量等方面，与共产党所组织的农民运动之间存在着一定的相似性。但是梁漱溟看来，他们与共产党所开展的农民运动所不同的是，共产党所采用的武装暴动和阶级区分的方法。"我曾见毛泽东分析广东

① 《梁漱溟全集》第五卷，山东人民出版社2005年版，第14页。

乡村社会为八个阶级，[①]只其中低级之三四阶级准他加入农民协会，其余那些人不准加入。划的界限非常严。农民又武装起来，为农民自卫军，简称农团；与绅士们领导的民团，彼此之间，就发生冲突。在花县一带地方曾有过大规模的战争。"[②]梁漱溟将共产党所开展的农民革命视为消极的、具有破坏性的。他认为共产党并没有认识到中国社会的特殊性，所以无法正确进行乡村重建。梁漱溟对湖南和广东的农民运动有很多的关注，他不看好这种鼓吹斗争的力量，认为与中国农民的基本习性不相符合。

在梁漱溟看来，社会变革不能存有侥幸心理，中国传统的孝悌勤俭特色不能丢。农民运动以利益来吸引民众参与，容易引发嫌怨仇忌心理，事实上难以从根本上解决农民和乡村秩序的问题。他说，共产党的错误在于蹈袭外国阶级社会里农民运动的老套。"中国社会需要整理改造，而不是阶级革命；农民地位需要增进，而不是翻身。以侥幸心理领导农民，以仇忌心理留贻社会，更非所以建设新

① 毛泽东在1926年前后进行了许多农村调查，他当时将中国农村分为八个阶级："你跑到农村中间去，无论你到什么地方，只要你留心去看，你便看得见有下列八种不同的人：大地主、小地主、自耕农、半自耕农、半益农、贫农、雇农及乡村手工业者、游民。这八种人分成八个阶级，其经济地位各不同，其生活状况各不同，因而影响于其心理即其对于革命的观念也不同。"见毛泽东：《中国农民中各阶级的分析及其对于革命的态度》，竹内实编：《毛泽东集》(1)，北望社1972年版，第153页。

② 梁漱溟：《乡村建设理论》，《梁漱溟全集》第二卷，山东人民出版社2005年版，第408页。

社会之道。"[1] 梁漱溟所进行的乡村建设是要在旧有的秩序和价值基础上进行改良性重建，而中国共产党领导的农民运动是要在彻底打破原有的生产关系基础上进行彻底的社会重建，在这个目标下，梁漱溟所强调的"伦理本位"以及建立在伦理本位基础上的家族制度和人情关系，正是革命运动所要扫除的障碍。怨恨甚至贪图的心理固然是许多农民最初参加革命的动机之一，但革命并非只是要平复贫困者因苦难而产生的仇怨，而是要对传统社会秩序进行颠覆和重建。

作为中国农民运动的重要发动者和理论建构者，毛泽东在 1926 年就已经认识到"农民问题乃是国民革命的中心问题，农民不起来参加并拥护国民革命，国民革命不会成功"[2]。

毛泽东认为国民革命的首要任务是："分清谁是我们的敌人？谁是我们的朋友？"分清敌友的工作就是要对依靠家族和血缘等伦理关系建立起来的人际脉络进行摧毁，摧毁的手段就是暴力革命。毛泽东说："革命不是请客吃饭，不是做文章，不是绘画绣花，不能那样雅致，那样从容不迫，文质彬彬，那样温良恭俭让。革命是暴动，

① 梁漱溟：《乡村建设理论》，《梁漱溟全集》第二卷，山东人民出版社2005年版，第411页。

② 毛泽东：《国民革命与农民运动》，《毛泽东文集》第一卷，人民出版社1993年版，第37页。

是一个阶级推翻一个阶级的权力的暴烈的行动。”[①] 因此，不仅要打倒土豪劣绅，而且要“推翻祠堂族长的族权和城隍土地菩萨的神权以致丈夫的男权”。毛泽东说：“中国的男子，普通要受三种有系统的权力的支配，即：（一）由一国、一省、一县以至一乡的国家系统（政权）；（二）由宗祠、支祠以至家长的家族系统（族权）；（三）由阎罗天子、城隍庙以至土地菩萨的阴间系统以及由玉皇上帝以至各种神怪的神仙系统——总称之为鬼神系统（神权）。至于女子，除受上述三种权力的支配外，还受男子的支配（夫权）。这四种权力——政权、神权、族权、夫权，代表了全部封建宗法的思想制度，是束缚中国人特别是农民的四条极大的绳索。……地主政权，是一切权力的基干，地主政治既被打翻，族权、神权、夫权便一概跟着动摇起来。”[②] 毛泽东所说的四个压制中国人的权力系统，包括了从国家到家庭到个人甚至心灵层面，在他看来，这些旧秩序和他所追求的自由平等的新秩序与这些秩序和心灵的习性之间存在着巨大的紧张感，因此，新的秩序是不可能建立在旧的价值和习俗基础之上的，这与梁漱溟认为新秩序要在旧习惯的基础上才能建立起来的乡村建设运动之间存在着根本的分歧。

---

① 毛泽东：《湖南农民运动考察报告》，《毛泽东选集》第一卷，人民出版社1991年版，第17页。

② 同上书，第31页。

但中国共产党在江西、湖南、湖北和广东等地实际进行的农民暴动和建立根据地的过程中，也会根据不同的环境改变具体的斗争策略。共产党干部逐渐意识到物质利益固然是农民参加革命活动的重要动机，但农民也不会只顾利益，不顾其余："道义、面子等价值判断与他们对物质利益的感受在革命运动的方向和内容上的结合异常突出。"[①] 拥有大量财产的大地主虽然容易成为革命的对象，但其他的乡村富裕群体或者绅士群体却可能在革命中幸免，甚至成为一些地方政权的掌控者，这就是说即使在分清了敌友的状况下，对于革命对象的处置也会有许多的灵活性。

在梁漱溟的乡村建立理论中，知识分子下乡是十分重要的环节，但是从知识分子难以下乡的实际情况看，他对新式的知识分子与传统的"士"之间的差异性缺乏深刻的体察。新一代知识群体在接受了西式教育之后，成为了各种西方思潮的接受者和传播者，他们中的许多人接受了现代性的理论，将中西之别视为新旧之异，最为激进的人成为彻底否定传统的新文化运动的主力。作为新式教育典范的北京大学，不仅是传统知识体系学科化、知识化的推动者，也是中国最早传播马克思主义的阵地，陈独秀和李大钊，这两位梁漱溟的同事，也是中国共产党的创始人。接受了马克思主义的知识群体继承了儒家思想中知行合一和觉

① 黄琨：《革命与乡村——从暴动到乡村割据：1927—1929》，上海社会科学院出版社2006年版，第218页。

民行道的精神，通过教育启发农民群体，但正是这些新式知识群体却成为改变农村秩序的主要推动者。

虽然在区分敌我的革命逻辑中，知识分子在革命阵营中的革命属性一直受到质疑，中国共产党是“工人阶级的政党”，但在其成立之初，党员的构成基本上都是知识分子，而且自始至终，共产党一直是组织工作和宣传教育并重的，因为，社会主义革命从某种意义上看是对一种自然秩序的颠覆和改造，所以知识阶层对于信念的灌输和强化是革命最为有机的组成部分。这也就是共产党的领导人往往也是革命理论家的内在原因。对此，邹谠说：“我们要特别注意共产党的知识分子，他们的作用最为重要。这些知识分子接受了新的意识形态——马列主义，并按照列宁主义的政党模式创造了共产党。他们和社会最下层的阶级——尤其是农民阶级——建立了一种血肉相连的关系，这就等于把几千年来在政治领域里无足轻重的阶级拉到政治领域中来，并使之成为一种重要的分量。这是中国社会自秦汉以来最重要的变化，它完全改变了政治运动和政治参与的格式，并且最后导致了国民党的失败和共产党的成功。”[①] 为什么梁漱溟所认定的走不通的路偏偏为中国共产党所走通，这成为他在中华人民共和国成立初期所思考的核心问题。

① 邹谠：《二十世纪中国政治》，(香港)牛津大学出版社1994年版，第58页。

第六章　特殊性和普遍性：延安之行和抗日战争前后对中国政治出路的思考

在日本入侵中国之后，梁漱溟在山东邹平的乡村建设无法再继续了，国民党政府虽然有意进一步推进乡村建设，也因为战事紧张而有心无力。梁漱溟认为，这几重原因导致了乡村建设未能按计划推行。首先，乡村建设以启发乡村自身的力量为主，所以收效比较慢。而梁漱溟在菏泽的实践则依靠行政力量来推动，既进行制度革新，又有民众自卫训练。但战争发生之后，国民党政府为了避免战争，导致菏泽实验也无法落实。而在当局仓促撤离山东的时候，乡农学校因为又具有一定的行政功能，所以类似抓壮丁、派差派款等苛虐命令都要乡农学校来执行，导致“以建设乡村的机构，转而用为破坏乡村之工具，吾侪工作至此，真乃毁灭无余矣”[①]。

以暴力革命为特色的农民革命运动，因为国共合作的分裂而被国民党及军阀所围剿，被迫进行战略转移，但工农红军依然在各地建立起根据地，红军主力经过万里长征而到达陕北。在日本开始大规模侵略中国之后，中国共产党一方面呼吁全国各政治力量团结起来，一致抗日，同时，中国共产党在土地政策和农村暴动等政策上发生了许多变化。1937 年 3 月 1 日，毛泽东在回答史沫特莱关于停止没收地主土地、联合抗日是否意味着“中国共产党人为建立民族阵线，放弃阶级斗争，而变成民族主义者”的问题时，毛泽东回答说，两个政权的对立对于一致抗日不利，所以在民族危亡面前，中国共产党既有国际主义的立场，也要成为保卫国家的爱国主义者。同样，改善受苦大众的生活固然重要，但为了抗日的目的，也要团结资本家的力量，如果他们尊重民族的利益，“共产党人决不将自己观点束缚于一阶级与一时的利益上面，而是十分热忱地关心全国全民族的利害，并且关心其永久的利害”[②]。

在 1937 年 7 月 7 日的“卢沟桥事变”之后，抗日战争进入新的阶段。共产党在 1937 年 7 月 15 日发布《中

① 梁漱溟：《告山东乡村工作同人同学书》，《梁漱溟全集》第六卷，山东人民出版社2005年版，第13页。

② 《毛泽东文集》第一卷，人民出版社1991年版，第483页。

国共产党为公布国共合作宣言》，提出以孙中山的三民主义为今日之必须，放弃以推翻国民党政府为目的的暴动和没收地主土地的政策，取消苏维埃政府，取消红军番号，改为国民革命军。这为抗日民族统一战线的建立奠定了基础。而国民党中央也决定设立“国防最高会议”，并下设“国防参议会”，由蒋介石和汪精卫聘任在野党以及社会知名人士担任国防参议会参议员。梁漱溟与毛泽东、胡适、蒋梦麟、晏阳初等都是首批成员。而梁漱溟因为拥护中国共产党的策略，但同时也认为这与共产党以往的纲领有巨大的差异，所以便以国防参议员的身份访问延安。

梁漱溟的延安之行自1938年1月5日至当月的25日，他的目标有两个：一是考察中国共产党在抗日统一战线的目标下是如何转变的；二是国家能否取得国家进一步的统一。其间，他对延安的精神风貌有了深刻的印象。“在艰苦的物质环境中，那里的气象确是活泼，精神确是发扬。政府、党部、机关、学校都是散在城外四郊，傍山掘洞穴以成。满街满谷，除乡人外，男男女女皆穿制服的，稀见长袍与洋装，人都很忙！无悠闲雅静之意。……一般看去，各项人等，生活水准都差不多；没有享受优厚的人，是一种好的风气。人人喜欢研究、喜欢学习，不仅学生。或者说人人都像学生。这又是一种好的风气。爱唱歌、爱开会，亦是他们一种的风气。……人与人之间情趣增加，精神上互为感召流通。”[①] 对于精神风貌问题，梁漱溟素来十分关注，尤其赞赏人与人之间的“感召流通”。

在同中国共产党领导人的交流中，梁漱溟讨论了国共团结的基础，并问到了一个关键的问题，即中国共产党是否一定要取得政权？通过这些交流，梁漱溟得出了正反两方面的结论：首先他认定中国共产党的确有很大的转变，比如土地革命，比如边区的民主建设，等等。第二是认为转变不深，即根本的政治立场并没有转变，依然坚持通过阶级斗争来解决中国问题。

在延安时期最关键的是与毛泽东的几次交谈。

梁漱溟与毛泽东在北京大学期间就略有交往，1938年的延安会面，使其对毛泽东更是印象甚好，但他担心毛泽东的生活方式，认为他夜里不睡觉，喜欢抽烟喝酒，这些都不算好的习惯。梁漱溟与毛泽东交谈涉及的内容颇为广泛，有许多问题尽管已经问过张闻天、张国焘等人，但他还是再度问了毛泽东。他沟通的核心，是希望中国共产党发扬自抗日以来在政治上取得的成功经验，放弃对内斗争，与国内各政治力量确定国是国策。然而在这个共同纲领中，他认为有两大问题需并重：其一是如何抗敌完成民族解放；其二是如何建设完成社会改造。根据梁漱溟的记录，

① 梁漱溟：《我努力的是什么——抗战以来自述》，《梁漱溟全集》第六卷，山东人民出版社2005年版，第194—195页。

对于这两大问题毛泽东表示同意，并认为两大问题不应分开。与梁漱溟不同的是，毛泽东认为这两大问题不能无轻重、无宾主。

梁漱溟指出，如果只在眼前抗日问题上求团结，而对于如何建设国家问题难以取得一致，那么国共两党之间的团结不可能彻底。因此，他提出要解决三十年来的政治分歧，纠正国民党和共产党双方在革命实践中的错误，消除各党派之间的猜忌摩擦，认为中国人的前途要由中国人自己来把握，不能舍己从人。而毛泽东则认为社会建设的分歧必然存在，如果将两个问题并作一起讲，则会破坏团结抗日。当时中国共产党提出了新民主主义的路线，即在抗战中实现民主，再和平转变到社会主义，最终实现共产主义。梁漱溟并不接受共产主义，但认可新民主主义和社会主义，梁漱溟认为经济发展和民主建设应同时完成。“中国政治问题必与经济问题并时解决，中国经济上之生产问题必与其分配问题并时解决；圣人复出，不易吾言矣！求中国国家之新生命必于其农村求之；必农村有新生命，而后中国国家乃有新生命焉；圣人复出，不易吾言矣！流俗之所见，或以为政治问题解决，而后产业得以发达，而后乃容谈分配问题；或以为必由国家资本主义以过渡于共产主义，而当从事国家资本主义之建造。是或狃于欧洲国家之往例，或误于俄国布尔塞维克之企图，而皆昧于彼我之异势，谬欲相袭者，曾何足以知此！”①

正如梁漱溟所论，他与毛泽东的差别来自于对中国老社会的认识不同，从而对近百年的社会变革和中国未来的期许有重大差异。“我总执持两句话：中国老社会有其特殊构造，与欧洲中古或近代社会均非同物。中国革命是从外面引发的，不是内部自发的；此其特殊性即由老社会的特殊构造来。他相当承认我的话，但他说，中国社会还有其一般性，中国问题亦还有其一般性；你太重视其特殊性而忽视其一般性了。我回答他：中国之所以为中国，在其特殊之处；你太重视其一般性，而忽视其特殊性，岂可行呢？”②

梁漱溟推动乡村建设要针对的是中国共产党通过阶级斗争和暴力革命的方式对中国社会结构进行重新构造的做法。他认为中国之所以为中国，正是因为其独特的社会构造和文化心理，暴力革命的方法行不通。因此，他们之间的根本差别在于对于中国与人类社会共同特征的把握还是对中国特殊性的强调。总之，梁漱溟通过延安之行，了解了那里的新风气，但因为时间紧迫，所以对于其乡村建设未及了解。

在 1938 年与毛泽东的会面中，他们还讨论了中国政党合作的未来问题，梁漱溟提出了“下分上合，一多相

① 梁漱溟：《我努力的是什么——抗战以来自述》，《梁漱溟全集》第六卷，山东人民出版社2005年版，第204—205页。

② 同上书，第205页。

融”的主张。这与梁漱溟对于中国政党特殊性的认识有关。话题是从国共两党如何合力建设新国家开始的，“我便具体地提出建立党派综合体的意见。我觉得党派诚有各自不同的性质，这是不能抹杀的，但是在今天共同的国是国策之下，可以组织一个综合体，这样在执行国是国策上可以更好。综合体的组织建立之后，各党派便有二重的组织：就个别党派说，大家各有独立的系统，就全体党派说，又却在一个统一的组织之下”[①]。这就是梁漱溟所说的“下分上合，一多相融”，接近于多党制和一党制的综合体。梁漱溟说政府应该忠实于党派综合体，站在各自党派的立场之上，来为国家的利益考虑。所以他提出了三个步骤：一是制定各党派共同的国是国策；二是建立党派综合体；三是建立超党派的政府。毛泽东对前两项表示同意，但认为第三项不可能或不必要。梁漱溟为了落实其主张，遂建立了“中国民主同盟”，目的之一就是要促成党派综合体的建立。

梁漱溟再次去延安，已经是1946年3月了，那是在抗战胜利后，为的是成立包括各党派在内的联合政府，召开国民大会，制定宪法，选举总统等让国家走上正轨的事务。这时，作为民盟代表人物的梁漱溟却想退出政治而去从事思想理论研究，其中的缘由依然是梁漱溟以前的想法，即宪政与中国的文化特征不合，他不相信西方民主政治的道

① 梁漱溟：《延安归来》，《梁漱溟全集》第六集，山东人民出版社2005年版，第640页。

路能在中国行得通。但因为政治形势，他又不能不从众参与其事。对于这个想法，毛泽东等人表示反对，因为如果像梁漱溟这样有影响力的人物退出政治的话，客观上会有利于国民党关起门来搞一党专政。为了向毛泽东仔细陈述其内心复杂的想法，于是梁漱溟便有了第二次延安之行。

第二次延安之行因为要面对一个如何建设新中国的问题，所以讨论的重点在于如何将“一向分立对抗的各党派转化为协力合作建国的一个党派综合组织”[①]。

在抗战结束前夕和抗战结束后，基于统一抗日和国共合作的形势，梁漱溟开始系统地思考宪政和政党政治的问题。在1944年，他写作了《宪政建筑在什么上面？》《中国到宪政之路》《谈中国的宪政问题》这样三篇系统讨论宪政的文章。1945他又写了《论当前宪政问题》《中国党派问题的前途》等文章。1946年写了《革命党与政党的异同》。1947年则有《政治的根本在文化》《预告选灾，追论宪政》《由当前的宪法问题谈到今后的党派合作》等系列文章。在这些文章中，梁漱溟将近代以来中国的宪政运动分为两个阶段：第一阶段，是宪政救国。因为受西方军事和经济的打击和将宪政看作是世界的潮流，当时的人们普遍认为只有宪政才能救国。从唯物史观的角度看，因为外来的文明实质上已经影响和改变了中国社会，所以，

① 梁漱溟：《追记在延安北京迭次和毛主席的谈话》，《梁漱溟全集》第七卷，山东人民出版社2005年版，第439页。

中国也有进行宪政建设的内在需要。“十九世纪末二十世纪初之中国宪政运动，其构成要素原在西洋近代潮流；却是到了上次世界大战，此近代潮流即成过去，而别有一种潮流代兴。此新兴潮流恰是反乎那近代潮流的；它反自由主义、反个人主义、反资本主义。当大战一停之后，就输入到中国来，而马上在思想界占据优势。中国共产党的产生，中国国民党的改组，皆由此而来。中国宪政运动之前期，所以划至民国十三年为止。”①

抗日战争胜利之后，政治形势发生了重大变化，梁漱溟认为到了宪政建设的新阶段，而这个时期，宪政的目标则是团结统一。步骤则是由统一至民主而宪政，而不是相反。梁漱溟始终坚信，宪政的建立不徒是法律和制度的建立，还需要有价值和人的素质相互配合。“单纯以机械原理来说宪政，当然还不够。在彼此挟持之外，当然还有出于本心要求之一面。自由平等，民主，并非全由外铄，而是人心所本有之要求。人类社会不徒有‘势’，亦还有‘理’。例如：对于某些道理的信念，正义感，容人的雅量，自尊心，责任心，顾全大局的善意，守信义的习惯，等等亦是宪政所由建立，及其所内运行之必要条件。”②这里梁漱溟借用了王夫之的“理”“势”概念，认为宪政落实的

① 梁漱溟：《谈中国的宪政问题》，《梁漱溟全集》第六卷，山东人民出版社2005年版，第512—513页。

② 梁漱溟：《宪政建筑在什么上面？》，同上书，第482页。

关键是内在的需要，而不是由外力的压制而产生的被动反应。这一点尤为后来的新儒家所不及。不过，他强调制度和道德之间的关系、强调道德和价值对于宪政运动至关重要的观点，则被后来的港台新儒家所着力发挥。

梁漱溟认为宪政并无定型，不能以英国、法国或俄国为模式，对于中国的现状而言，实现了全国民主团结，切合此时此地的事实需要，即是最好的宪政。他认为在抗日战争胜利之后，人们对民主和宪政存有幻觉，将之视为“仙符神咒”，根本不考虑其客观的效果，甚至借助民主和宪政来分裂国家、破坏团结。梁漱溟对“民主”和“宪政”有一种新的解释。他说：“民主、宪政即有与我们精神相通之处。……民主就是承认旁人；承认旁人，即与恕、谦、让相通。然在根柢上之个人本位，便有问题。……宪政是其有争而无乱之道；无乱即与礼相通。然在根柢上之争，便是有问题。除第一次世界大战之后风气渐变外，‘个人本位，自由竞争’是近代西洋社会最得力处，亦是我们所最不可得而学之。”[①]

既然，对于民主[②]的理解由制约转向“和合”，所以，实践民主的具体措施即为建立党派综合体的“党权政治”与

---

① 梁漱溟：《预告选灾，追论宪政》，《梁漱溟全集》第六卷，山东人民出版社2005年版，第724页。

② 梁漱溟用以下述五点来概括民主：承认旁人、平等、讲理、尊重多数、尊重个人自由。并认为中国文化富于民主精神，但缺乏政治民主，缺乏政治生活。参见梁漱溟：《民主是什么——什么是民主？》，同上书，第125页。

“建立民意机关”，前者为实现民主政治的过渡方式，后者则为民权政治的基础，这样就可以达到“亲切而简易的宪政”。

抗日战争胜利之后，要实现国家统一，主要是要实现国民党和中国共产党两大政党之间的和合。由此，梁漱溟对中国的政党政治也做了思考。他认为，政治上的活动必然会产生政党，因为不同的阶级基础和经济基础甚至地域性的问题都可以组织政党。但中国处于国家危亡时期，所以救国成为共同点，这就客观上要求各党派协作而不是互相仇视，但又不能抹煞其不同，这样有合有分，组成一个政党综合体。就各种国家建设的大问题既能表示不同的意见，又具有求得一致解决方案的胸怀。

梁漱溟进一步吸收了孙中山政权、治权分开的思想，“党派综合体不负行政之责，而居于监督政府执行政策的地位。……政权在民，党派综合体是代表人民，站在全国人民立场执掌政权者，而以治权付之行政部门。”①

最终，中国并没有避免内战，解放战争后中国共产党于1949年建立了中华人民共和国。

① 梁漱溟：《追记在延安北京迭次和毛主席的谈话》，《梁漱溟全集》第七卷，山东人民出版社2005年版，第440页。

第七章　“阶级”与“国家”：从《乡村建设理论》到《中国文化要义》

“他是一个思想家，同时又是一社会改造运动者。”的确，梁漱溟的生命轨迹时常体现出这样的特点：在进行政治参与的过程中，同样是深化其理论思考的过程。比如乡村建设运动与《乡村建设理论》。在抗日战争胜利之后，他开办勉仁书院，并开始写作《中国文化要义》，并构想《人心与人生》等著作。梁漱溟的确是一个既爱思考又勇于在实践中寻求问题答案的人。他要把他的思考说出来、写下来。同时，他并不满足于这样的思考和写作，尽管这已经给他带来了显赫的声名。梁漱溟要在实践中去印证他的思考，因此，他“便是从感触而发为行动，从行动而有心得，积心得而为有主见，从主见更有行动”[①]。如此循

① 梁漱溟：《中国文化要义》，《梁漱溟全集》第三卷，山东人民出版社2005年版，第5页。

环累进，不断深化。

梁漱溟本来希望通过乡村建设实践来培育中国人的新政治习惯，改变他们以家庭为中心的生活方式，而塑造超越家庭的新的团体生活。但抗日战争和韩复榘政治生涯的变化等，都让他被迫中断了在山东的实验。日本入侵后，中国共产党呼吁建立抗日民主统一战线，并改变了斗争的方式，从而实现了第二次国共合作。为了动员更多的力量，国民参政会成立，成员包括毛泽东这样的政党领袖，也包括梁漱溟这样有影响力的社会活动家。从上文可见，他一直在探索凝聚各政党的力量建立统一国家的可能性。他提出外敌在前，应以“团结统一为急”[①]。在梁漱溟看来，抗日带给中国政治的有两大后果：一是国家实现了前所未有的统一气象；二是因为国民党局部放弃了“不革命就是反革命”的排斥打压政策，许多政党获得了生存和壮大的空间，为中国的民主运动的开展提供了可能。

不过，通过实地观察和拜访国共两党的领袖人物，梁漱溟看到由一致抗战而带来的团结是短暂的，国共两大主要政党的特性决定了合作的脆弱性。他说，中国的党派之间的争执并不像西方政党政治最终会走向妥协，而是一种你死我活式的对立。他希望能借助第三方的力量，以抗日

① 梁漱溟：《我努力的是什么——抗战以来自述》，《梁漱溟全集》第六卷，山东人民出版社2005年版，第250页。

为契机，将不同政党的分歧加以弥合。为此，他与其他国民参政会的非国民党员和共产党成员一起在 1939 年冬成立“统一建国同志会”，主张国家应该循先统一再宪政的顺序，认为通过宪政方式难以达到国家统一。

随着时间的推移，张君劢和梁漱溟等人发现如果中间派的组织力量不够强大的话，并不可能来解决国民党和共产党之间的矛盾冲突。有鉴于此，梁漱溟与章伯钧、黄炎培、张君劢等人在 1940 年决定团结国家社会党、中国青年党等组织成立“中国民主政团同盟”（1944 年 9 月改成“中国民主同盟”）。在这个阶段，梁漱溟对中国的宪政运动有很多思考，并通过建立民主同盟的方式积极参与民主建国的运动。从当时的政治实际出发，他认为党治有助于国家的统一，并主张逐步实现军队的国家化。梁漱溟思考中所出现的矛盾也是现实困境的体现：一方面，他希望通过民主的方式来达成国内的团结统一；[①] 另一方面，他又希望有一个强有力的领袖人物来完成中国反帝反封建

① 梁漱溟说，团结是当时最为迫切的任务，要珍惜宪政，然后团结是宪政的前提，而宪政并不一定带来团结。民主精神是团结所必须，但对于执政者而言，团结应该成为其核心诉求（见《谈中国宪政问题》，《梁漱溟全集》第六卷，山东人民出版社 2005 年版，第 515 页）。而事实上，梁漱溟所谓的民主，更侧重于团体生活习惯的养成。比如他说，民主政治不外两面，一是团体生活不妨碍个人的自由，二是团体的事情由大家商量决定（见《动员与民主》，同书，第 552 页）。

的任务。[①] 为解决其中的不一致之处，梁漱溟提出了一个阶梯原理，他认为要实现民主宪政就必须经过阶级这个阶段，这其实是要弥合阶级斗争和民主政治之间存在的差异性。他以西方与苏联的社会发展为例子指出，无论是欧美的民主宪政还是苏联式的社会主义，都少不得以阶级为梯子。他说："从社会自然发展来看，非以阶级作梯子不可能达于民主……更妙的是苏联表面作风大不相同，它有意地建造民主社会，仍旧少不得以阶级作梯子。它必从乎无产阶级立场，运用无产阶级力量，借着无产阶级专政，执行一大计划而后乃能完成这一大工程。它不以资产阶级为过渡，而以无产阶级为过渡，只是将阶级原理调转来用而已。"[②] 很显然，这个时期梁漱溟对于阶级问题已经有了新的看法，阶级不再被视为是"人为制造"的，而是社会经济发展到一定阶段的产物。这是对他在乡村建设时期以"职业分途"来否定"阶级存在"的理论模型的修正。在乡村建设时期，梁漱溟反对各种类型的阶级斗争，尤其

① 梁漱溟说英国和其他国家成熟的民主制度并不适合中国，这既是因为这些制度与我们的文化不符合，也是基于当时中国的客观形势所不允许。面对日本侵略和国内的封建势力，"领袖独裁"和"阶级专政"是必要的。中国革命"面对着两面敌人：在外则西欧资本主义正强，在内则旧日封建余势尚厚；而它全然要处于一指挥作战之状态下"。"这样的经济建设及其社会全部文化之建造，必须以一贯之方针计划完成之，势不容筑室道谋。"见梁漱溟：《宪政建筑在什么上面？》，《梁漱溟全集》第六卷，山东人民出版社2005年版，第195页。

② 梁漱溟：《中国到宪政之路》，同上书，第502页。

反对中国共产党关于阶级解放和民族独立一体化的革命方案。当时他认为中国社会只有职业分途，没有阶级差别。而在抗日战争胜利之后，他可能是接受了一些历史唯物论的知识，认为社会发展必须要以产生阶级为阶梯，最终才达到民主社会。梁漱溟认为中国会形成“阶级”的看法为他在 1949 年之后有限度地肯定阶级斗争的积极作用做了铺垫。

实践和思考是梁漱溟生命的两个面向，他的政治实践必然会让他产生新的写作冲动。从 1942 年开始，历时九年，梁漱溟将他对于中国文化的思考写成《中国文化要义》。这部书与《乡村建设理论》有许多重复之处，或者可以说是他对乡村建设时期业已形成的想法所做的进一步深化和系统化。比如该书中的核心概念：国家、革命、理性早启、伦理本位、职业分途，等等，这些问题在前文有关乡村秩序建设的章节中已经有所讨论，这里我们要重点分析的是该书关于传统中国的“国家”形态分析与如何将中国建成现代国家等问题的思考，这也是他在 1949 年之后进行自我反省的核心内容。借此，可以了解 1949 年前后梁漱溟思想转变的轨迹。

第一节 阶级与国家：中国原本并非一般意义上的国家

如果说，只有把梁漱溟的乡村建设理解为一场建国运动，才可以明了其乡村建设的核心关切，那么在乡村建设运动偃旗息鼓之后，他就试图从理论上来说明中国之建国何以必要与困难之所在。《中国文化要义》虽然主要在讨论中国人的民族精神和文化特性，但梁漱溟的意图依然是要说明中国如何才能建立为一个现代国家。

延续梁漱溟在乡村建设时期所经常采用的“伦理本位”和“职业分途”的范型，在1940年代末期，他要讨论在此范型下难以“理顺”的“阶级”和“国家”问题。

“阶级”问题在《中国文化要义》中显得十分重要，因为梁漱溟在此书中已经将阶级视为建立现代中国的一个必要的步骤。这与《乡村建设理论》时期决然认为西方的道路和苏联的道理在中国行不通的看法有了很大的改变，在某种意义上，当梁漱溟试图从社会发展史来讨论中国特殊性的时候，也就意味着他越发接受了“人类历史发展的普遍规律”。发生于1920年代之后的关于中国社会性质的讨论使马克思主义的历史观得到了广泛传播，而从梁漱溟所引述的作品来看，他也受到了“社会性质”大讨论的影响。

在《中国文化要义》的第八章中，梁漱溟从职业分途和阶级对立来讨论中西方的差别，但他不再否认阶级在现代中国的形成并发挥作用。或者说，即使中国古代没有阶级这一论断也并不能推论出中国将来不可能出现阶级这个结论。他并相信不同阶级之间的矛盾和对立是社会进步的动力，阶级的形成是建立现代国家的前提，中国也不能例外。这里面已经有了很明显的社会发展史的因素。

梁漱溟认为阶级产生于经济上的不平等而导致的政治地位的差异，然后“迷信成见足使阶级之划分严峻者”、“习俗制度使阶级之间不能通婚”、“阶级世袭制度”等因素使阶级差别得以延续。[①] 由阶级观念出发，梁漱溟将社会发展分为三个阶段，即由古代奴隶制度到中古农奴制度，此为第一阶段；由中古农奴制度到近世劳工制度，此为第二阶段；最后则由近世劳工制度到阶级的彻底消灭。伴随着不同的阶级形态，国家的形式也随之改变，“由奴隶国家到封建国家，再到立宪国家，最后到国家形式之化除”[②]。

虽然我们从梁漱溟的阶级学说里看到他对于历史唯物论的接受，但他并不同意中国历史发展也是经过了五个阶段的那种流行说法。通过对西方的阶级和国家的一般发展阶段的梳理，并以之反观中国，梁漱溟认为不能如机械唯物论者那样，把中国社会几千年的历史机械地“纳入其公式中”，而是要看到中国社会因为土地不集中、工商业不够发达、阶层不固定，没有形成对立的阶级这样的

① 梁漱溟：《中国文化要义》，《梁漱溟全集》第三卷，山东人民出版社2005年版，第141页。

② 同上书，第143页。

历史现象。通过这样的中西比较，梁漱溟所得出的结论却耐人寻味。他说："一、如上所说未构成阶级，自是中国社会之特殊性；而阶级之形成于社会间，则是人类社会之一般性。中国其势亦不能尽失其一般性。故其形成阶级之趋势，二千年间不绝于历史。同时，其特殊性亦不断发扬。二者迭为消长，表见为往复之象，而未能从一面发展去。二、虽未能作一面发展，然其特殊性彰彰具在，岂可否认？凡不能指明其特殊性而第从其一般性以为说者，不为知中国。我于不否认其一般性之中，而指出其特殊性，盖所以使人认识中国。"[①]从此段梁漱溟所刻意要发挥的特殊性和普遍性问题的讨论中，我们可以回忆起他在延安时期与毛泽东关于特殊性和普遍性的争论。从《乡村建设理论》建基于特殊性的申说到《中国文化要义》中寓普遍性于特殊性之中的辩证，梁漱溟可以说承认了"阶级"和"国家"的伴生关系。在这样的前提下，他对于中国古代阶级的存在也不是完全否定的，而是提醒大家要认识到中国的特殊性，从而来理解现代中国建立的独特路径。

既然"阶级"是"国家"成立的必要条件，那么，如果中国的"阶级"形态是特殊的，中国的"国家"势必也

① 梁漱溟：《中国文化要义》,《梁漱溟全集》第三卷，山东人民出版社2005年版，第156—157页。

是与众不同的。[①]

中国古代的“国”和“国家”的观念，其所指与西风东渐之后所传入的“民族国家”有很大的出入。在儒家的观念体系中，从修身而齐家，到治国平天下，但这里的国家，并非是主权和疆域明确的现代国家。因此，康有为、章太炎、孙中山等这些近代思想家和政治家，一方面呼吁中国人确立“种族”（nation）或“国家”（state）意识来抵御西方列强和日本的侵略，另一方面，则又质疑民族国家在价值层面上的“终极性”。比如深深影响了梁漱溟国家观念的梁启超说：

> 民族主义者，世界最光明正大公平之主义也，不使他族侵我之自由，我亦毋侵他族之自由。其在于本国也，人之独立；其在于世界也，国之独立。使能率由此主义，各明其界限以及于未来永劫，岂非天地间一大快事？虽然，正理与时势亦常有不并容者。自有天演以来，即有竞争，有竞争则有优劣，有优劣则有

① 对于中国古代是否是一个“国家”的问题目前有很多的争论。比如福山就认为，马克斯·韦伯将中国定义为“家族国家”是囿于他自己的现代性定义。他看到了中国并没有产生资本主义的市场经济，亲戚关系也没有转换为现代个人主义。福山认为经济制度和政治秩序之间并不存在必然的关系，在欧洲是先有资本主义经济关系，再产生现代国家。而中国，在法家思想的影响下，很早就建立起“现代国家”。参见〔美〕福山：《政治秩序的起源：从前人类时代到法国大革命》，毛俊杰译，广西师范大学出版社2012年版，第123页。

> 胜败，于是强权之义，虽非公理，而不得不成为公理。民族主义发达之既极，其所以求增进本族之幸福者，无有餍足，内力既充，而不得不思伸之于外，故曰：两平等者相遇，无所谓权力，道理即权力也；两不平等者相遇，无所谓道理，权力即道理也。由前之说，民族主义之所以行也，欧洲诸国之相交则然也。由后之说，帝国主义之所以行也，欧洲诸国与欧外诸国之相交则然也。①

从这段话中，我们可以体会到近代中国人的矛盾心理。梁启超一方面认为我们要接受民族主义这样一种新的观念，不能再墨守旧的天下主义思想，而另一方面也看到了民族主义本身的问题，即民族国家强调本民族的利益，这样，国家间的关系会因为国家实力的差异而导致的不公平，尤其是对于弱小国家而言，往往会遭受帝国主义的侵略。

不过，梁漱溟更为看重的是梁启超在《先秦政治思想史》中的说法，他引述梁启超的话说，中国人向来不把国家视为最高团体，有一种反国家主义或超国家主义的态度。"谓中国人不好组织国家也可，谓其不能组织国家也亦可。"② 梁启超要批评古代不能组织国家是为了改变当时

① 梁启超：《国家思想变迁异同论》，《梁启超全集》第二集（论著二），中国人民大学出版社2018年版，第325页。

② 梁启超：《先秦政治思想史》，天津古籍出版社2004年版，第4页。

中国人缺乏国家意识的“弊端”。[①]而梁漱溟是要说明，因为中国人并不注重国家，没有团体意识，所以难以建立现代国家。在万国竞逐的以民族国家为主体的国际格局中，这让中国陷入困境。但从长远的目标看，国家终究是要消亡的，由此，“天下”观念恰好符合人类未来的理想秩序。

人们普遍认为传统中国士人心目中以天下观念为最高，心中所想的主要是“天下太平”。“国家是有对抗性的。中国人原有的观念是‘天下’，而不是‘国家’。尤其是读书人，一开口即‘天下’。而‘天下’这东西是没有对抗性的，而且无边际的。中国人不要求自己国家富强，只要求天下太平。”[②]不要求国家富强可能并不符合中国历史的具体情况，但“天下”秩序高于国家则是毫无疑问的。所以没有发展出西方那样的“民族国家”观念，也是中国人价值观的体现。

欧洲所出现的民族国家体系经由威斯特伐利亚条约体系之确认，对非民族国家地区的确造成了经济和政治上的压力，这是中国近代“建国”大业的外来动因，而中西

① 康有为与梁启超思想差异处不少，而国家主义也是其一。梁启超在《南海康先生传》中谈到作为教育家的康有为时说：“先生教育之大段，固可以施诸中国，但其最缺点者有一事，则国家主义是也。先生教育之所重，曰个人的精神，曰世界的理想。斯二者非不要，然以施诸今日之中国，未能操练国民以战胜于竞争界也。美犹为憾，吾不敢为讳。”见康有为：《我史》，中国人民大学出版社2011年版，第117页。

② 梁漱溟：《动员与民主》，《梁漱溟全集》第六卷，山东人民出版社2005年版，第537页。

之间的“国家”观念何以有如此巨大差异的原因则众说纷纭，一个广泛流行的观点是：“大一统”观念在传统中国深入人心。康有为等人认为中国在地理上的相对独立性容易形成大一统的局面，也有人认为儒家关于王者无外的万物一体观念，也使得以种族为基础的民族观念薄弱，夷夏之别也以是否接受周孔教化为判准，而非以血缘来区分你我。但还有一种可能的原因，则是中国的经济发展还没有产生国家的内在要求，这样，“事实上中国非一般国家类型中之一国家”①。

梁漱溟在《中国文化要义》第九章中仔细地分析了为何“中国并非一般意义上的国家”。他的结论是：历史上的中国，国家消融在社会里，社会与国家相浑融。何以如此呢？他举出的理由有四：一是伦理本位、职业分途的社会并非将国家作为一种必要的机构，而政府也以无为而治作为最高理想；二是对户籍、地籍等国家财富并不了然；三是重文轻武，遇到大事，经常无兵可用；四是缺乏国际对抗性。

国家的存在，有对外抵御侵略与对内维护秩序两种职能，在人类达到单凭人的道德素养就可以消除一切矛盾之前，国家主要通过暴力手段来行使其两种职能。国家机器在发挥作用时需要一定的阶级作为其主体，由此，

① 梁漱溟：《中国文化要义》，《梁漱溟全集》第三卷，山东人民出版社2005年版，第25页。

国家实际上也成了阶级压迫的工具。但传统中国的情况有其特殊性，伦理的纽带取代了压制型的统治，“国家构成于阶级统治，中国则未成阶级，无以为武力之主体而难实行统治；这是中国不像国家之真因，历代帝王所以要轻赋薄敛，与民休息，布德泽，兴教化，乃至有所谓‘以孝治天下’者，皆隐然若将放弃其统治，只求上下消极相安”[①]。梁漱溟将传统中国的这种国家观念称为“消极无为主义”。

在对中国国家观念的产生以及未来发展可能的探索中，我们可以比较明显地感觉到梁漱溟受到从 1920 年代开始的有关中国社会史讨论的影响。这场讨论接受了社会发展史的总体框架，也就中国封建社会何时产生、何时结束，以及中国社会发展与欧洲等地区的差异等问题展开了争论。通过对亚细亚生产方式等问题的讨论，人们也逐渐相信要寻求中国自己发展的道路。梁漱溟延续了自己早前的结论，提出中国社会理性早启，并没有产生宗教与团体主义思想，难以产生阶级。与西方社会相比，有许多“变局”。比如，梁漱溟接受李季等人的学说，认为中国并没有经历“奴隶社会”时期，并使封建时期的阶级问题并不凸显。“由此而风度泱泱数千年一直是阶级意识不强，种族意识不强，国家意识不强，以至于今。无论是少受宗

① 梁漱溟：《中国文化要义》，《梁漱溟全集》第三卷，山东人民出版社 2005 年版，第 168 页。

教的锢蔽，或少受奴隶社会的创伤，这一切都是历史的负面，而其正面则为理性早见。理性早见，是我民族历史特征，直从古代贯彻于后世。”[①] 从中我们也可以看到梁漱溟给自己留了一个余地，即使要承认阶级必然会在中国社会中发挥作用，依然要强调中国的“阶级”观念和“阶级”社会并非是自古至今一直就存在的。

梁漱溟认为，近代以来，有外患和内忧，中国被逼要“建成”一个国家，逼它需要强大的武力以对抗西方的侵略。然而没有阶级，传统中国谁来充当武力的主体便称为问题，这造就了中国的“无兵的文化”[②]，传统的国家是介于似国家非国家、有政治无政治之间的“准国家”。当必须要建立武力来抵御外敌的入侵之时，武力主体不明，这便造成了近代以来军阀混战的局面。

基于武力对于现代国家的重要性，那么要塑造尚武的精神，作为武力主题的阶级便不可或缺。在《中国文化要义》中，梁漱溟开始重视阶级在社会进步中的作用，并认为阶级是西方政治进步的“原理”。他分三点来说明：第一，民主和人权都是靠阶级的力量来达成的。“正要借着阶级力量与阶级力量之相角而得之均衡，以保持此两权之

---

① 梁漱溟：《中国文化要义》，《梁漱溟全集》第三卷，山东人民出版社2005年版，第175页。

② “无兵的文化”是梁漱溟引述雷海宗教授的观点，雷海宗认为在春秋战国之后，中国兵的素质呈下降趋势，这也是中国积弱的原因之一。

不失于一偏。”[①]第二，政权的公开和普选制度，也是凭着资产阶级和劳工阶级力量的不断壮大而逐渐实现的。梁漱溟举英国光荣革命和法国大革命的历史为例，说无论是渐进的民主制还是暴力革命夺取政权，都需要依靠阶级力量。第三，阶级还间接地促进科技的发展和工具的发明，在资产阶级的统治之下，社会长期的安定，封建束缚得以解放。以此来反观中国，在由封建转向郡县制的时候，由理性早启而造成伦理社会和职业分途，因此，统治阶级分解散漫，流动不定。既然政治权力不能由某一特定阶级垄断，那么也不会容许有经济上的垄断阶级形成。而流动性很强的士阶层在获得政治机会之后，也会反对权位和财富的垄断，这样中国便发展不出资产阶级，也就不能造就西方的资本主义文明。“阶级缺乏，则统治为难，中国政治乃不得不伦理化。由政治之伦理化，乃更使社会职业化，职业又有助于伦理。”[②]如此，中国社会便难以开出进步之局。

1949年前后的梁漱溟在讨论缺乏阶级是构成中国独特性的时候，并不是要否定阶级的作用。相反，他认为无论是英国式的光荣革命还是法国式的暴力革命，阶级是推动社会进步的一种根本力量。“民主诚非皆由平稳进步中得之，但要晓得暴力革命更要靠阶级力量。革命虽似突

① 梁漱溟：《中国文化要义》，《梁漱溟全集》第三卷，山东人民出版社2005年版，第185—186页。

② 同上书，第194页。

变，实则其所得而解决之问题，仍不过那一时之问题；其所实现之民主，仍限于那一时可能有之民主。革命要靠阶级，革命后亦还需要阶级统治，以待社会进步，一新阶级起来，再度革命。所以平稳渐进或革命突变，在全部历史进程上看，无大两样，同一需要阶级作过渡。”[①] 除此而外，梁漱溟认为工具发明、文化进步，将人从封建生产关系中解放出来，均得力于资产阶级之统治；而苏联式的社会进步，也是依靠无产阶级的统治。

梁漱溟认识到阶级对于国家的重要性，进而也认为国家的建立乃是过渡到未来消灭国家的一个必经的阶段。所以，他要在阶级观念和职业分途的定见中找到契合点。梁漱溟解释说，中国人在观念上是以道德代宗教，在秩序上，就是以礼俗代法律：“社会矛盾（剥削及统治），旧日中国所不能无，但它化整为零，以情代势，颇得分解缓和。其秩序，虽最后亦不能无藉于国家法律，但它融国家与社会，摄法律于礼俗，所以维持之者，固有其个人其社会之自力，而非赖强制之功。”[②] 梁漱溟反复说明，人类社会的未来肯定是理性发达、阶级消融的状态，然而，未来的理想不能淹没现实的需要。国家既然是人类历史所必然，那么如何建立现代国家便是中国文化所要应对的问题。这

---

① 梁漱溟：《中国文化要义》，《梁漱溟全集》第三卷，山东人民出版社2005年版，第187—188页

② 同上书，第204页。

对中国文化而言，是一种“逆转”。“三千年来我们一贯精神是向着‘社会’走，不是向着‘国家’走。向着国家走，即为一种逆转。然国家视为人类历史所必经。于是二千年来局面，既介于封建国家与资本国家之间，更出入与社会与国家之间。”[①] 由此看来，梁漱溟的目标是清晰的，中国要由封建国家走向资本国家，国家与社会之间则要有明确的分界。而要达成此目标，就要摆脱一治一乱的社会而通过革命的手段。

第二节　政党、国家与革命

在《中国文化要义》中，梁漱溟的诉求转变为建立一个强有力的国家来维护国家主权，并使国家内部的经济和社会都得到发展。他在进行中西比较的时候，开始思考国家与革命的问题，诸如中国古代是否发生了类似于西方的革命？近代中国革命缘何没有使中国建成一个强有力的国家？

在《乡村建设理论》一书中，梁漱溟提出了他理解中国传统社会基本特征的“伦理本位”“职业分途”这八字真经，并认为，这样的社会特征导致中国古代只有周期性的治乱循环，并没有“革命”。

① 梁漱溟：《中国文化要义》，《梁漱溟全集》第三卷，山东人民出版社2005年版，第216页。

按梁漱溟的推理，中国社会的伦理本位特性，人与人之间的关系就表现为一种伦理关系。每一个人对社会中的其他人负有若远若近的义务，人与人之间所产生的矛盾冲突也在伦理情谊的背景下得以解决。如此，社会就长期处于一种稳定状态。而在职业分途的社会结构中，没有阶级对立，革命就缺乏固定的对象，这是中国革命难以发生的决定性原因。

有感于苏联式的暴力革命对中国革命的影响，梁漱溟认为“建设”比“破坏”更重要。他不认可打碎旧世界、建设新世界的逻辑，认为理想的革命是在原有的文化和秩序的基础上，创造出新的制度和秩序。所以，“革命”的手段不仅仅只有“暴力”，更重要的是建立新的秩序。中国古代的农民起义和改朝换代都只是摧毁了旧秩序，而并没有建立新秩序，这些变动只能被视为“治乱循环”，而不被能称为革命。①

与胡适、梁启超等人一样，梁漱溟也反对采用暴力的手段来针对“悬空捏造”的革命对象来“为革命而革命”的做法。他尤其反对在农村社会以划分阶级的方式来破坏伦理秩序。不过，他们之间对于中国革命当务之急的认知却有很大差异，并为此与胡适等人发生了争论。梁漱溟不认可胡适提出的中国的敌人是“是贫穷、

① 参见梁漱溟：《乡村建设理论》，《梁漱溟全集》第二卷，山东人民出版社2005年版，第174—177页。

是疾病、是愚昧、是贪污、是扰乱"的判断，强调不能否认西方列强的侵略和封建军阀的割据是当时中国问题的根源，很明显这与国民党和中国共产党对革命对象的认识有一致的地方。梁漱溟与一般革命党的区别在于他相信仅仅通过暴力手段不能真正消除这两个强大的革命对象。①

在经历了日本侵略和乡村建设终止这样的波折之后，梁漱溟对于革命的手段及其目标有了许多新的认知，尤其是对以革命党作为自己身份认定的国共两党的行动逻辑有了更深入的了解。随后，他对于政党政治与中国革命的关系发表了许多新的见解。

在1945年写作的《中国党派问题的前途》一文中，梁漱溟对中国的政党与西方的政党做了比较。他认为在中国近代以来所形成的主要政党属于革命党，而西方的政党属于普通政党。革命党和普通政党的最大区别是行动逻辑不同：革命党的目标是要推翻现存秩序代之以新的秩序，而普通政党则是在承认现有秩序的前提下为实现它自己的主张来开展政治活动。近代以来中国的政党是在旧秩序难以维持的情势下创立的，所以担负有摧毁旧秩序和建立新秩序的双重任务。他借用孙中山先生的话说，中国革命党是民族革命、民主革命和社会革命的综合体。

① 参见梁漱溟：《敬以请教胡适之先生》，《梁漱溟全集》第五卷，山东人民出版社2005年版，第34—35页。

“任何一种革命，都是要完成社会秩序的一种改造，初不止消极地有所排除，而更要积极地有所建设；初不止是政治的事，而更且是社会的事。在这里，有革命的必要或没有革命的必要，它将具一种意义，抑或兼具两三种意义，皆不由主观自愿，而是为其民族历史和世界大势之所决定底。果真有一种革命的必要于此，就自然有担负这一革命运动的革命党发生。”[①] 这就是说革命党的形成是由当时的历史使命所促成的。在梁漱溟看来，列宁和孙中山这样的革命党领袖，都是因应本国的民族解放任务和世界大势所激发而产生的。如此这般，革命党所领导的是一场革命运动。而普通的政党则不同，每一个普通政党只代表社会中的某一部分人，所以他所要争取的也就是保护或满足这部分人的权利。正因为如此，革命党必须完成其建立新秩序的使命之后，才可能转变为一个普通的政党。在新秩序建立之前，革命党就必然会寻求一党制，尤其是以建设社会主义为目标的革命党，更会坚持一党制。“因为社会主义就是以社会本位代替个人本位，实现一种新集团生活”，任务尤其复杂。何以故？“资产阶级革命的基本任务，就是夺取政权并使这政权适合于现有的资产阶级的经济；而无产阶级革命的基本任务，却是在夺取政权以后来建设

① 梁漱溟：《中国党派问题的前途》，《梁漱溟全集》第六卷，山东人民出版社2005年版，第587页。

新的社会主义经济。”[①]这样复杂的任务客观上要求一党制来保证政策的执行和落实。

梁漱溟一如既往地认为中国革命的爆发是基于外国的侵略、压迫以及接受了西方和苏联的革命理论等多重原因而促成的。中国的革命既有民族革命、民主革命和社会革命的因素，却又并不是这三种革命的完全形态。中国革命的特殊性在于革命的爆发并非是由于社会经济基础的发展到了一个阶段而产生的对于新制度、新秩序的客观要求，革命的最初动因是由殖民侵略所导致的。革命原因的多样化触发革命目标有多重性，革命的力量也代表了不同的社会力量。一次革命难以完成如此多的目标，这造成了中国革命许多悬而未决的问题。例如旧秩序已然被推翻而新秩序建立不起来。梁漱溟认为任何新秩序的建立必须依赖强有力的国家政权，为此，不同政治力量的代表就必须合作而非斗争，要推行多党合作，“多党并存而收一党之用”[②]。在已经有许多党派存在的前提下，多党之间协调一致就尤为重要。

“多党并存而收一党之用”何以必要呢？在梁漱溟看来，中国要改变以前社会文化统一而国家不统一的局面，就必须要依靠武力来抵御外敌和维护国内的秩序。对此，

① 梁漱溟：《中国党派问题的前途》，《梁漱溟全集》第六卷，山东人民出版社2005年版，第590页。

② 同上书，第601页。

新兴的政党国民党和共产党采用的是“以党建军”的办法，于是，中国除了军阀之外，又出现了不同政党之间的武力冲突。这是中华民国建立之后出现的新问题，多种军事势力之间的争斗使中国难以持续地维持统一的状态。纾困之道是通过建立党派综合体的方式来解决武力对抗问题。梁漱溟给出的理由很直截了当，即中国的政党并无确定的阶级基础，往往体现为全民党的特点，并无实质性的冲突，容易就国家的重大问题取得共识。很显然，梁漱溟已经看到了革命党和普遍政党之间的差别，但他依然希望革命党之间能形成妥协，然而，这样的努力事实上既不能获得国民党的支持，也不能得到共产党的真正认同。

在《中国文化要义》一书中，梁漱溟设立专章讨论中国社会“循环于一治一乱而无革命”的问题，对《乡村建设理论》以来的一系列关于中国革命的论述进行理论上的反思和推进。

梁漱溟首先对“治”与“乱”做了界定。他说，乱世并不仅指的是政权的更迭，真正的乱是伦理本位、职业分途社会之稳定结构遭到破坏。反之，若条理昌明、秩序井然，就可称为治世。这样治乱的区分可以让人联想起顾炎武对亡国和亡天下的区分。儒家向来倾向于区分伦理秩序和政权更迭，更为看重伦理秩序的崩坏而不太着意于政权的更迭。因此，在顾炎武这里，亡国只是政权的更迭，而社会秩序和伦理价值的破坏才是亡天下。

梁漱溟认为，中国社会自秦汉以后就进入了治乱循环的死结，没有发展出新的社会经济形态，如果没有近代以来西方政治经济和军事的冲击，还不能想象这样的循环会在何时以何种方式被打破。

前面已述，这个时期的梁漱溟已经部分接受了历史唯物论的一些思想，他开始以社会经济原因来分析革命的产生。中国在历史上之所以没有发生革命，最为“要紧”的原因在于经济停滞不前。经济和文化构成互相制约的关系，经济决定文化，文化对经济也构成影响。“一面由于经济之不进，而文化和政治（礼俗、法制）不变；同时一面亦由于文化和政治之不变，而经济不进步了。”[①] 不过，与历史唯物论强调经济的决定因素不同，梁漱溟十分重视文化习俗对经济发展之间的影响和制约关系，也就是我们惯常所说的意识形态对于经济基础的反作用。他总结说，中国文化缺乏对自然的研究，难以出现类似蒸汽机这样的科学发明，难以从科技的发展带动生产的进步。在传统中国的政治设置中，从法律到礼俗都轻视商业和商人群体，不鼓励追求物质利益，所以整体不利于生产力的发展。“一面由理性早启，文化早熟，社会构造特殊，而中国之不发生产业革命其势决定。更一面由中国不发生产业革命其势决定。那么，当然其社会构造亦就变不出什么来。而社

① 梁漱溟：《中国文化要义》，《梁漱溟全集》第三卷，山东人民出版社2005年版，第226页。

会构造愈不变，其不发生产业革命之势愈决定，从而其社会亦愈不变。如是两面绞扣，互相牵缠。这就是中国经济停滞不进，社会历久不变之理。”[①]

在长期的治乱循环中，中国社会的稳定结构一直没有变化，直到1911年。梁漱溟将辛亥革命视为秦汉以来中国社会所发生的唯一革命。革命所带来的是一个新的价值和秩序。但中华民国的建立还算不上是革命的完成，因为旧制度虽然崩溃了，但旧价值依然存在。要到五四新文化运动，否定了礼教传统，革命才算完成。在这个意义上，梁漱溟的保守主义立场经常会产生一种自我矛盾的情形。他常说，因为伦理本位和职业分途，所以中国既不能走西方的民主之路，也不能走苏俄式阶级斗争的道路。但在《中国文化要义》中，我们看到梁漱溟在讨论自由、民主等问题，能感觉到他对于“突破”伦理社会、迈向民权社会的期待。他说，伦理本位固然会塑造人心向上、相与情厚的“理性”情感，但伦理本位也使中国人混而不分，不成对立，自由的价值不能明确。“在以个人为本位之西洋社会，到处活跃着权利观念。反之，到处弥漫着义务观念之中国，其个人便几乎没有地位。此时个人失没于伦理之中。殆将永不被发现。自由之主体且不立，自由其如何得立？在西洋近代初期，自由实贵于生命，乃不料在中国

① 梁漱溟：《中国文化要义》，《梁漱溟全集》第三卷，山东人民出版社2005年版，第239—240页。

竟同无主之弃物！”[①]所以他认为“五四”新文化运动对于吃人礼教的诅咒并非无的放矢，“中国文化之最大偏失，就在个人永不被发现这一点上。一个人简直没有站在自己立场说话机会，多少情感要求被压抑，被抹杀”[②]。

即使将辛亥革命—“五四”新文化运动视为同一次“革命”的不同阶段，但与法国大革命等西方革命相比，中国革命并非是基于社会发展的内在要求，而是一些先进的知识分子为了应对社会矛盾自上而下所推动起来的。为了革命的成功，在中国出现了许多为了革命而构成的“集团”。因此，中国的革命团体“是以一个领袖为中心，而形成的集团；领袖为本、团体为末。不同乎西洋之由集团中推出来一个领袖；团体为本、领袖为末”[③]。由此，这样的革命依然有其不彻底性。文化三路向和历史唯物论之间的综合体内含着这样的矛盾：如果接受了历史唯物论，那么不管是否承认历史发展的五个阶段，都会接受进步的历史发展观，因而也就会接受自由民主是社会发展的某一阶段的内在需要；而如果坚持三路向的多元现代性方案，则事实上又构成了对进步史观的质疑。相比于《乡村建设理论》的写作时期，在《中国文化要义》中，这个历史意识上的

① 梁漱溟：《中国文化要义》，《梁漱溟全集》第三卷，山东人民出版社2005年版，第250—251页。

② 同上书，第251页。

③ 同上书，第221页。

矛盾表现得尤为明显。

在《中国文化要义》的最后，梁漱溟通过中西文化比较，不再沿袭他在《东西文化及其哲学》一书中所提出的文明分期说，而是更为倾向于将身心关系作为文明分期的决定性标志，这与他一直以来对于身心关系的思考有关，并将之扩展到理解社会发展的不同阶段人类所关注的重心的转移。他提出西方社会以经济活动推动社会发展的方向是人类文明的第一期，可称为身的文化。而化阶级为职业、融国家于社会则是迈进于第二期文化，也可以称为心的文化。中国在物质文明还没有发展到一定阶段的时候，就“折向”第二路，导致心的文明也不可能完全展开，即心的文明提留在理想而难以现实化。“劳心劳力不能合一，只能拆散阶级而已，不能达到无阶级。”[①] 因此，梁漱溟便总结出这个早熟文化的五大病症：幼稚、老衰、不落实、落于消极亦没有前途、暧昧而不明爽。尤以不落实是诸病之要津。他说，社会现实不免利益和力量，从身体出发的文化就是追求这两点。固然境界不高，但推进了物质的进步。而从心出发的文化不将利益和力量作为目标，纵然高明，却难以落实。“中国人讳言力、耻言利、利与力均不得其发展。离现实而逞理想。卒之，理想自理想，现实自现

① 梁漱溟：《中国文化要义》，《梁漱溟全集》第三卷，山东人民出版社2005年版，第283页。

实，终古为一不落实的文化。”[1] 这个结论相当耐人寻味，在某种意义上梁漱溟看到自己所推崇的儒家价值难以在现实中落实的问题，这就要求儒家的价值寻找一种新的载体，无论是在国家层面还是在个人层面。1949 年中华人民共和国的成立给了他新的启示。尽管梁漱溟很快会发现新的政权对于儒家充满着否定性的态度，但他却发现新的国家将他的许多疑虑解决了，社会主义公有制似乎给儒家找到了新的载体。

① 梁漱溟：《中国文化要义》，《梁漱溟全集》第三卷，山东人民出版社 2005 年版，第 387 页。

第八章　梁漱溟的努力与反省——新中国成立后的自我反思

梁漱溟素来反对中国存在阶级对立，所以他不主张通过暴力革命的手段来解决中国问题，并断定中国共产党的路在中国走不通。可是，现实给了梁漱溟一个反例，中国共产党建立起全国统一的稳定政权，这迫使梁漱溟反思其过往的结论。

1950 年，梁漱溟向毛泽东建议成立“中国文化研究所”，目的是新中国需要下功夫认识“老中国”，只有在比较中才可能“同中求异，异中求同”。因为不仅要进行古今的比较，也要进行中西比较，所以，他说这个文化研究所也可以命名为“比较文化研究所”或“世界文化研究所”。我们知道，梁漱溟所说的文化主要是“社会构造”问题，因此，文化研究所更为确切的名字可以是“制度和社会问题研究所”，研究所致力于弄清中国社会的一般性和特殊性问题。“我承认中国社会自然是有其一般性的；但我特别强调他的特殊性。有人虽不否认中国有他的特殊性，但认为亦不过像其他许多民族各有其特殊性那样而已。”①

特殊性和普遍性的问题是梁漱溟和毛泽东在1938年延安彻夜长谈的主题之一。在那次谈话中，毛泽东认为梁漱溟过于看重中国的特殊性，而不能看到中国革命的一般性问题。从某种意义上，中国革命的胜利也可以视为是普遍性战胜了特殊性。即便是事实俱在，梁漱溟却不甚甘心。很显然，其理论中虽然存在着许多不周延的地方，但他依然坚信中国问题的特殊性对于未来中国社会发展的重要意义。他提出研究所的工作方式是讨论式的，要么站在一般论的立场否定他的特殊论，要么从特殊论出发，然后召集研究人士予以批评讨论。在百废待兴的新中国成立初期，研究所最终并没有成立，这可能有经费的问题，更为关键的是，在革命已经取得胜利的情况下，最紧迫的是如何证明胜利的必然性，而不是去讨论有更多的可能。

① 梁漱溟：《一九五〇年向领导党建议研究中国文化，设置中国文化研究所之草案》，《梁漱溟全集》第六卷，山东人民出版社2005年版，第850页。无独有偶，在1950年代初，熊十力也建议政府成立“中国哲学研究所”，核心就是“新者必一面检过去之短而舍弃之，一面又必因过去之长而发挥光大之”。并希望该研究所不一定要坚持唯物论，甚至梁漱溟的勉仁书院和欧阳竟无的南京内学院也要恢复。参见熊十力：《论六经·中国历史讲话》，中国人民大学出版社2006年版，第120页。

对此，梁漱溟感到遗憾。不过，幸运的是他有机会去考察新中国成立之后的土改和国营企业的经营状况，[①] 他可以在实践中进行比较。

在毛泽东的安排下，梁漱溟做了为期半年的考察，有了在山东、西南、东北等地的见闻之后，他在《光明日报》（1951 年 10 月 5 日）发表了《两年来我有了哪些转变？》。在文中，他试图回答如下问题：旧中国是否是封建社会，中国的发展能不能有其特殊性，中国社会缺乏阶级的问题，中国的问题是否要通过阶级斗争来解决，中国革命要由什么人来领导，等等。梁漱溟解释说，他主要是从对阶级和革命的新认识入手来考察自己的思想转变，并强调他对历史唯物论和中国是否存在着阶级等问题都有了新的认识。“过去我既不同意共产党以阶级眼光观察中国社会，以阶级斗争解决中国问题，当然亦就不承认中国革命要由无产阶级领导之说。现在相信了阶级观点、唯物观点有道理，自亦承认了这一说法。”[②] 他甚至认为在新的形势面前，以前对于阶级问题的认识对于改造中国社会的

① 梁漱溟回忆说：“我1950年1月半到京，3月12日应毛主席邀去晚饭谈话。主席问我是否可以参加政府。我答自己愿在政府之外效力。我希望设一中国文化研究所或称世界文化比较研究所，在党的领导下进行学术研究工作，而我则备顾问。”见梁漱溟：《一九五〇年向领导党建议研究中国文化，设置中国文化研究所之草案》附记，《梁漱溟全集》第六卷，山东人民出版社2005年版，第852页。

② 同上书，第883页。

今天,“恰恰不适用了”。[①]

既然自己过去对于阶级问题的看法已经不适用了,那么,中国问题是不是要从阶级斗争中求得解决呢?梁漱溟反思了自己在乡村建设运动时期对于阶级和革命的看法,认为对自己的理论模型过于自信,以至于让他对于国内国际发生的事情视而不见。梁漱溟通过对山东老革命根据地的考察,发现可以通过了解对不同政治力量的支持来区分阶级,并意识到即使在他进行乡村建设的山东,阶级问题也是存在的。而从世界的范围看,“因在整个世界正从阶级立场分成两大阵营而决斗的今天,其势必然要把中国社会亦扯裂到两边去。我一向强调‘中国处在世界大革命的形势中不容自外’的话,何以还是孤立地来看中国问题?!其中自是有一主观偏向在,而不自觉”[②]。

促成梁漱溟对于自己的理论做出反省的最重要原因在于中国共产党所建立的新的国家所具有的“统一稳定”的局面。在抗日战争之后,他就将自己改造中国的任务由从农村开始培育新的政治习惯转变为“统一国家”的建立。在他的建国策中,团结统一的国家是首要的,其次才是制度建设和经济建设。新中国成立后所发生的巨大变化让梁漱溟惊讶地发现:“一个全国统一稳定的政

① 梁漱溟:《两年来我有了哪些转变?》,《梁漱溟全集》第六卷,山东人民出版社2005年版,第876页。

② 同上书,第880—881页。

权竟从阶级斗争而奠立了。”[①]他所孜孜以求的就是建立一个新的稳定的国家，而现在这样一个国家摆在面前，自己以前所提出的融国家于社会的理论遭到了挑战。[②]

基于对于统一的诉求，梁漱溟也修正了以前对“武力”的一些认识，特别是对于武力统一有了肯定。梁漱溟原先致力与乡村建设，其手段是“统一于下”，也就是把散漫的社会打通，形成社会的一致性，这样行政的力量自然就统一了。即使抗日战争之后，改为建立“政党综合体”的看法，依然是反对党派和武装力量的结合。所以他自己承认，“彻头彻尾反对共产党以武装斗争方式解决中国问题的我算一个”，并坚持认为共产党的革命道路是走不通的。但 1949 年之后，梁漱溟说，建立秩序“单是靠道理说服还不够，必须有武力为后盾而强制以行。两面合起来，便成功一种统治。最要紧是武力必须要集中统一。……武力的集中统一，是有秩序之本，亦是构成国家之本”[③]。

对于中国革命该由谁来领导的问题，其实也就是武力

① 梁漱溟：《两年来我有了哪些转变？》，《梁漱溟全集》第六卷，山东人民出版社2005年版，第881页。

② 统一稳定的国家对于梁漱溟的重要性也来自于他的生活经验：“自入民国以后，一直不曾见过统一的局面。统一起来成一个国家，只是1949年全国解放后的事。在这中间虽偶尔亦有过统一；但今天统一，明天不统一；表面统一，骨子里不统一；仍然不能算数。我说到统一每缀稳定二字，那原是不可少的。截至1949年我五十七岁，一生倒有大半生（卅八年之久）为国家不统一所苦。”见梁漱溟：《我的努力与反省》，同上书，第989页。

③ 同上书，第995页。

统一在谁手里的问题。在乡村建设时期，梁漱溟认为军阀的存在正是因为政权不能统一的原因，把军阀混战归结为不适合建立国家而勉力为之，并没有找出一条消灭军阀现象的办法，只是从否定的角度去应对。

梁漱溟一直认为，职业分途不能造就阶级，武力就找不到主体，这是中国近代纷乱的原因。但他也不主张人为地“制造”阶级。梁漱溟认为阶级斗争并不适合纾解近代中国的困境，在没有阶级的社会里提倡阶级斗争反而会因人为地制造阶级对立而使新秩序难以维持。所以，最佳途径是城市知识分子下乡来教育启发农民建立新的秩序。梁漱溟看重知识群体在社会变革中的作用，继承的是儒家贤能政治的思路。在1951年，他对自己以前关于“无产阶级”的看法做了三层反思：第一是没有看到无产阶级作为一个阶级的特殊性。将无产阶级立场混同于某一具体阶级的立场，没有意识到无产阶级作为阶级社会的最后一个形态所具备的解放全人类的使命。第二是过于强调中国革命的特殊性，而没有意识到中国革命必须要通过世界性的革命才能得以完成。无产阶级不会因为站在本民族的立场而放弃其国际主义的情怀，也不会因为阶级立场而放弃其民族爱国主义的情感。在这个意义上，中国革命固然有其特殊性，但也须承认它是世界革命的一部分。所以，无产阶级可以成为革命的领导阶级。第三是中国共产党人中许多并不是出身于无产阶级，而他们却能站在无产阶级的立场想问题。梁漱溟素来重视知识分子（士阶层）在社会政治生活中的示范性意义，一直以来并不同意拥有许多知识分子和农民的中国共产党将自己定位为无产阶级政党。但经过反思，他认为那些非无产阶级的群体“可以学着站在无产阶级立场，作无产阶级之事”[①]。有上述这些反思，梁漱溟自省他的乡村建设方案并不能抓住农民的真痛痒。从实际的效果看，知识分子和农民也没有融合在一起，他所期待的超越家族血缘的新的团体生活也就无法真正建立。很显然，在建国初期，梁漱溟接受了中国马克思主义者的阶级斗争理论。[②]

---

① 梁漱溟：《两年来我有了哪些转变？》，《梁漱溟全集》第六卷，山东人民出版社2005年版，第886页。梁漱溟反思他自己之所以对中国革命认识发生偏差的原因在于只知其一不知其二。“中国诚然缺乏阶级形势，但此形势却由世界形势补充，作背景之下，而有其大形势可见，不可躲闪，国内国外，合为一大形势而分成两面，逼出武装斗争。”（见梁漱溟：《参加西南土改时的一篇发言草稿》，同书，第865页。）从这段话中我们可以看到，梁漱溟并不认为他对中国国内的阶级未能形成的判断是错误的，他觉得他的错误在于未能预判世界革命的形势，并认识到无产阶级是人类社会最后一个革命阶级。

② 在1949年之后，许多新儒家人士都认可社会主义国家的建立是革命的成功，并认为适当的超前是革命的主动性。熊十力说，圣人的革命之志，就是要“造时”，即努力改变时弊，开创大公至正之道。而“待时”就会舍吾人革故取新之大用，一任弊端流行。熊十力认为孔子就是一个革命者，他志在拨乱，就是要改变一切不公平的制度。他把三世说解释成孔子的革命宏图。据乱世是革命初期，人民思想还未启发，所以主要是致力于国内的治理。而升平世是逐渐实现大国和小国的平等，最终升入人类平等的太平世，革命就完成了。参见熊十力：《原儒》，中国人民大学出版社2006年版，第128页。

1970年代，尤其是在毛泽东逝世之后，梁漱溟对于阶级和革命问题的观念又有所改变，到了80年代，他对阶级斗争再度持否定态度。[①]不过，有一点可以肯定，他已经意识到在现代社会依靠伦理情感很难构筑他所需要的“团体生活”。

中华人民共和国成立之后，梁漱溟与其他许多知识分子和民主人士一样，有机会通过实地考察对土改和国有企业的状况有所了解。这些新的行政管理体制和社会团体建立，给梁漱溟很大的冲击，特别是对“阶级”和“暴力革命”的看法。他在《两年来我有了哪些转变？》一文中写道：“三年来的事实给我的教训最大者，即使若干年来我坚决不相信的事实，竟出现在我眼前。这不是旁的事，就是一个全国统一稳定的政权竟从阶级斗争而奠立了。我估料它一定要陷于乱斗混战没有结果的，居然有结果，而且结果显赫，分明不虚。我何以估料错了呢？对于

① 梁漱溟说他在1950年代初是接受了阶级斗争学说的，但多年以后他恢复了对阶级问题认识的自信，并对毛泽东的看法提出了异议。比如，既然阶级对峙是自然存在的，那么阶级斗争便无须“千万不要忘记”。他认为毛泽东晚年许多过错的根源在于“在思想上言论上过份强调阶级斗争，更且以其不可抗的权威而励行之，以致造成不少灾难和罪恶，令人痛心、长叹息”。（见《试说明毛泽东晚年许多过错的根源》，《梁漱溟全集》第七卷，山东人民出版社2005年版，第520页。）在《一个东方人的马克思主义观》一文中，梁漱溟认为马克思主义哲学“确是世间法的真理，亦可说为西洋人精神的结晶。但它却包括不了古中国人、古印度人所精到处。古中国人‘修己以安人’，远超乎阶级斗争”（同书，第487页）。

国际的国内的那种种形势漫不加察，没算在内；我认为分不成两面的，归根到底还是分为两面了。其次，我又对马列主义太欠研究，误以为斗争只是斗争，不料想毛主席却有‘又联合又斗争’的统一战线那一套运用。于是就不但分开两面，始终斗而不乱；更且不断扩大了自己一面而终于制胜强敌。”[①] 梁漱溟在该文中说，阶级斗争是解决中国问题的真理。这里一个根本性的变化就是他试图接受以斗争促团结的理论，他认为自己缺乏对马列主义的理解才导致了对问题认识的欠缺。

尽管有了如此巨大的变化，向来好辩又自信的梁漱溟认为自己并非在所有的方面都改变了自己的看法，按他自己的说法，他的思想有“变”与“不变”的分疏。其中不变者是认为中国社会并非完全要经过五个阶段的逐次发展。他认为中国并不存在奴隶社会。中国封建社会崩溃较早，并没有发展出资本主义社会。不过梁漱溟自认为的“不变”其实已经是“变”。这个看法最多是对社会发展史的一种修正，而不构成对这种新范式的否定。梁漱溟并不完全否定五阶段论，而是在五阶段的模式中将中国的社会发展史看成变例。他意识到其中国特殊论的说法并不可能被当时的社会主流观念所接受，所以结合 1920 年代对于中国社会史的争论来为自己的立场辩护。他坚持

① 梁漱溟：《两年来我有了哪些转变？》，《梁漱溟全集》第六卷，山东人民出版社 2005 年版，第 881 页。

的立场分别是："(一)中国问题的历史背景特殊——秦汉以来两千余年只有一治一乱之循环而没有革命。(二)中国问题的文化背景特殊——秦汉后的中国，是融国家于社会的，它没有构成阶级统治，不属一般国家类型(其所以没有革命正由于此)。(三)近百年世界大交通后乃引发了中国革命；中国革命是从外引发的，而不是社会内部自发的。末一点正是从前两点而来的。"①从这三点我们可以看到，梁漱溟所坚持的主要是对"老中国"的认识，或者是对于新老交替中的中国的认识，而对于新中国他主要是"自我否定"的。

1952年，梁漱溟写就《何以我终于落归改良主义》一文(该文于1987年以《我的努力与反省》为题发表)。在系统地回顾了他在《乡村建设理论》和《中国文化要义》的结论之后，梁漱溟在该文第十五节"这才晓得原来我没有革命"中又对自己的中国"特殊性"立场提出了自我批评。"当我迫切要求国权统一稳定之时，虽主观自觉地是在要求有方针有计划的社会主义建设，却不自觉地早把社会生产上剥削被剥削的那种矛盾——社会最基本重要的矛盾转而看轻，自己恍若置身矛盾之外来处理矛盾，而实际却是从有产者立场出发了。这便是我离开一般革

① 梁漱溟：《我的努力与反省》，《梁漱溟全集》第六卷，山东人民出版社2005年版，第968页。

命之路而走向特殊处理的开头一步。”[①] 梁漱溟并不认为他的思考“完全不对”，认为他的目的是希望在经济活动中促进合作而不是增加社会矛盾，把国家政权建立在联合团结的基础上，但缘于置身在有产者的立场，所以“以空想代革命”，“我要联合，不要斗争；其结果，斗争固然没有，联合亦不成功”。而只有毛泽东的统一战线，才可能联合可能联合的力量，孤立敌人。[②] 政治立场上的偏差导致他的目标和手段之间并不一致。

在这篇文章中，梁漱溟认为他之所以错误估计中国革命的前途主要在于没有分别敌我，过于强调中国没有形成固定的阶级，看轻了社会经济活动中的剥削和被剥削之间的矛盾，也看轻了地主和农民之间的矛盾，更没有看到军阀问题的症结之所在。这一系列错误导致他所主张的统一和联合最后都落空了。然后他解释产生这些错误的原因在于在阶级立场上没有站在无产阶级的一边，在思想方法上没有掌握矛盾论。“毛主席实事求是，从斗争求联合的联合政权今天成功了；我那种主观主义要联合不要斗争的联合政权本出于空想，今天自然落空。事实既经证明，历史作出定论，三十年自以为革命的我，临到末来还

---

① 梁漱溟：《我的努力与反省》，《梁漱溟全集》第六卷，山东人民出版社2005年版，第1023页。

② 参见上书，第1025页。

只有承认是改良。”[①]

梁漱溟自述是通过《矛盾论》的学习而提升自己的认识水平的，并总结说对待矛盾要“超出矛盾来认识矛盾，投入矛盾去解决矛盾”[②]。他认为《矛盾论》对他的最大启发就是对阶级问题的看法。梁漱溟还以阶级为坐标，把社会发展概括为三个阶段，即原始未有阶级分化的社会、自有阶级分化以来的阶级社会、阶级消泯之后的社会一体性阶段。在这样的框架中，无产阶级的阶级立场及其与“人类立场”之间得到了既矛盾又统一的贯通。

梁漱溟说，人类社会历史上所出现的不同阶级，长期以来处于“自在”的状态，不同阶级的人们之间互相不能顾及对方，即使是处于同一阶级阵营里的人，也只是考虑自己的利害。只有在资本主义大工业社会中诞生出来的产业工人，“他们担负着永远消灭阶级的历史使命”[③]，所以说，无产阶级是阶级社会中的最后一个阶级。产业工人何以能够从自在的阶级升进于自为的阶级呢？奥妙在于产业工人“领受”了马克思主义的无产阶级革命理论教育，这样他们才能脱离自己的阶级局限而站到“人类立场”的高度。“无产阶级是阶级历史的最后一个阶段，他就

① 梁漱溟：《我的努力与反省》，《梁漱溟全集》第六卷，山东人民出版社2005年版，第1029—1030页。

② 梁漱溟：《请王克俊同志再指教并望各位统治赐教的一篇话》，《梁漱溟全集》第七卷，第225页。

③ 同上书，第226页。

要求永远消除阶级，所以无产阶级立场就是人类立场。"[1] 梁漱溟在将人类立场和无产阶级的统一性有了认识之后，他对中国的社会主义实践的认识便进入了一个新阶段。

梁漱溟的自我反省并没有获得广泛的认可，从当时《光明日报》发表的批评文章看，许多人指责他坚持唯心主义的立场，不接受历史唯物论。梁漱溟的回击也比较硬气，说这些人或是没看过他的书，或是拿一些已有的结论来批评他，不值得浪费报纸的版面。

---

① 梁漱溟：《从人类立场到无产阶级立场》，《梁漱溟全集》第七卷，第488页。

第九章　人类创造力的伟大发现：新中国的建国之路

梁漱溟是在 1950 年 1 月中旬从四川回到北京的，3 月 10 日，他便参加了欢迎毛泽东和周恩来访苏回国的仪式，并于次日晚上受邀出席晚宴。在晚宴上他拒绝了毛泽东希望他参加新政府的邀请，而是提出要建立中国文化研究所，继续“认识老中国，建设新中国”。随即毛泽东劝梁漱溟去各地看看，并建议他不仅要去河南、山东那些他曾经进行过乡村建设的地方参观访问，还提议他去东北等地看看，这样可以进行一些比较。这次参观和考察从 1950 年 4 月 9 日出发，到 9 月 16 日从东北返回，并在 9 月 23 日又与毛泽东见面。梁漱溟谈到了他在东北的见闻，特别是工人阶级当家做主的积极性，毛泽东听后还是很高兴的。

1951 年 5 月到 8 月，梁漱溟又赴川东考察土改运动，后来毛泽东还建议他参与别的地方的土改，[1]但梁漱溟并没有听从毛泽东的建议，而是花时间来思考他考察的成果。到1952年梁漱溟主动请求跟毛泽东交谈，并写了题为《何以我终于落归改良主义》的一份检讨提交给毛泽东。毛泽东说："我看上去，你的思想识见有进步了，但还不够。慢慢来吧！"[2]

50年代初，中国共产党发动对知识分子的思想改造运动，知识分子纷纷表态。尽管梁漱溟在《光明日报》上发表了《两年来我有了哪些转变？》一文，但依然有学者对他的立场和态度表示怀疑，认为他并没有真正接受马克思主义。[3]但那个时候争鸣的氛围还比较宽松，他也可以在《光明日报》发表文章，回应别人对他的批评。而且他的生活和工作并没有受到激烈的冲击。经过各地的考察和一段时间的思考，梁漱溟的思想也发生了很多的变化，集中体现在他于1950年10月至1951年5月写就的《中国建国之路》一书中，该书的副标题是《论中国共产党并

① 1951年3月18日、3月30日，毛泽东分别给邓小平、习仲勋等人和中国各地区的领导人写信，要求组织民主人士参观或参加土改和镇压反革命的工作。很显然，梁漱溟所参与的西南地区的土改工作也是当时知识分子思想改造的一部分。参见《毛泽东文集》第六卷，人民出版社1999年版，第152—153页。

② 梁漱溟：《追记在延安北京迭次和毛主席的谈话》，《梁漱溟全集》第七卷，山东人民出版社2005年版，第447—448页。

③ 可参见梁漱溟：《敬答赐教的几位先生》，《梁漱溟全集》第六卷，山东人民出版社2005年版，第893页。

检讨我自己》。

在这部短短的作品中，梁漱溟认为中华人民共和国的建立完成了两件近代以来始终没有做好的大事，即“全国大局的统一稳定”、“国家权力的树立起来”。经历了西方殖民而导致的国家主权危机和连年军阀割据的混乱局势的梁漱溟认为，如果没有国家统一、国权树立，一切的建设均无从谈起。

国家统一和国权的建立都必须仰赖武力，近代以来中国武力的分散导致了国家的四分五裂。国民党虽然也试图解决这个问题，但并没有成功，最终是由共产党解决了武力主体的问题。“这就是结合一个团体，以统治中国的武力主体自任。这就是从建党入手，再以党来建军建国。”[①] 梁漱溟认为辛亥革命之后国民党的失败原因在于它试图将自己塑造成“超阶级”的政党，导致其难以有一个真正的利益代表群体。代表对象的不明确，使国民党内部派别林立。在民国建立之后，国民党的革命目标日渐模糊。

国民党的失败之处正是共产党的成功之点。“一直延迟到今天，那国民党所没有走通的路，卒由共产党把他走通。共产党恰不像国民党那样：第一，他在党的阶级基础上标明无产阶级而不嫌其范围窄；虽事实上亦许他的党

① 梁漱溟：《中国建国之路》，《梁漱溟全集》第三卷，山东人民出版社2005年版，第336页。

员是农民和知识分子居多，但总称得起立场分明，壁垒颇严。再加上其他许多优点，团结得确乎像一个党。党既成功，武力便当真掌握在党，而不致操于个人之手。第二，他努力的方向相当明确（这在今天就是新民主主义的经济路线），武力得其正用，自不致乱出毛病。”① 这个时期对于“武力”的思考，与1940年代后期梁漱溟希望党派与军队分离的想法有很大的差别。如前文所说，这是因为他对无产阶级政党的性质有了新的认识。

中国共产党的第二大贡献是“引进了团体生活”。在西方的冲击下，中国的先进知识分子发现了国人缺乏“国家意识”而只有“家庭”“家族”意识，因此，梁启超在《新民说》中说中国人缺乏“公德”意识，孙中山在《三民主义》中说中国人像“一盘散沙”。梁漱溟自己则概括出四点：缺乏公共观念、缺乏纪律习惯、缺乏法治精神、缺乏组织能力。鉴于此，他认为只有养成“新政治习惯”的，才能将新的制度落实。“究其实所谓新政治习惯是什么呢？不是别的，不过是对公共事情——小而地方的事，大而国家的事——要关心，要过问，要参加进去，那种生活习惯而已。”②

只有将国民组织起来，国家才能获得发展的力量。新

① 梁漱溟：《中国建国之路》，《梁漱溟全集》第三卷，山东人民出版社2005年版，第338页。

② 同上书，第341页。

文化运动之后，片面宣传自我中心和个人本位，旧秩序被破坏而新秩序难以建立。“在旧日伦理中，一个人虽对团体负责之义不明，总还要对家庭父母兄弟负责，对亲戚朋友负责；伦理关系原不外彼此一种义务关系。而现在呢，却以个人权力观念代替之。各自肯定其权利；各自强调其权利。于是一新组织关系未见踪影，而旧组织关系却已被拆毁。”[①]梁漱溟觉得个人不能挺立是伦理社会的一个大的缺失，不过，他不是要强调个人权利，而是认为只有独立的个人才能建立真正的团体生活。

梁漱溟认为要培养国人的团体生活习惯，唯有通过教育一条道，这依然是他历来所持的“政教合一”的观点。他通过对团体与个人关系的辨析，提出个人自由要仰赖团体和组织的建立才能得到保障。他十分赞同严复用“群己权界”来翻译“liberty”（自由），强调整体高于个人这也是近代以来中国知识分子的比较普遍的看法。近代以来的民主论说中，都倾向于接受这样的观念：没有一个强大的国家，民主难以落实。而在个人自由的角度上，“群”的必要性始终在他们的视野中。梁漱溟说：“在中国求民主与求组织不可分，而且宁在求组织中求民主。还不但此。中国人政治生活之民主化，将与其经济生活之社会化同时并进；而且宁在经济生活社会化之中而政治民主化。

① 梁漱溟：《中国建国之路》，《梁漱溟全集》第三卷，山东人民出版社2005年版，第378页。

两面互为助益，彼此推动，末后政治上之民主主义与经济上之社会主义同时完成。”[①] 在这方面，梁漱溟的设想有过于理想化的嫌疑。在他看来，西方社会是通过经济领域的自由竞争，再逐步寻求分配上的公平和正义的。这样的过程虽然是自然而然发生的，但较为漫长。而理想的状态是先运用组织力量解决生活中的问题，然后科学技术和经济上的发展也能借势完成。这也是近代以来“赶超”思维的一种翻版。[②]

作为一种新的政治习惯，团体生活方式又是怎么改变传统中国人的生活习惯的呢？梁漱溟归结为国际环境的压力和国内制度的变革。“在外有不容轻的压迫封锁，在内有一切生活于团体供给制。两下合起来，而后所亲切的乃不再是家庭，所尊重的乃不再是父母。公共观念于是养成；纪律习惯于是养成；法治精神于是养成；组织能力于是养成。一个中国人到此才真的变了！”[③] 的确，中华人

---

① 梁漱溟：《中国建国之路》，《梁漱溟全集》第三卷，山东人民出版社2005年版，第346—347页。

② 其实，梁漱溟也是过于相信团体对于经济活动的计划和分配的可能性，姑且不论这在现实中是否具有可行性，更为关键的问题在于团体实施计划和分配的合法性与正当性的基础。在国家长期处于分裂状态下，国家的统一和主权完整的确是国家成立的前提。不过在国家成立之后，如何处理团体和个人之间的关系，必须有新的思路，因为团体和个人并不必然是互相促进的。

③ 梁漱溟：《中国建国之路》，《梁漱溟全集》第三卷，山东人民出版社2005年版，第351页。

民共和国的成立，国家统制的经济运行体制和分配制度，首先要破除的就是以家庭为经济单位的“旧习惯”，为了适应这种新的经济制度，在行政体制上就需要建立起从中央到地方的政令一致的政府机关，以及围绕着政府运作的社会组织。这些机关和组织在建立之初十分廉洁高效，由此，新的政治习惯很快深入人心，人们对这个新体制便会积极主动地接受。

梁漱溟在对东北国有企业考察之后发现，通过解决生活中的生老病死、衣食住行，工人们自觉将自己看作是企业的一部分而激发出前所未有的劳动热情，从而总结道，这种团体生活“透出了人心”。

梁漱溟所说的人心，指的是人与人之间互相理解互相激励的态度。“人类社会看似在有意识地（其中有理智）无意识地（其中有本能）彼此互相利用而结合着；其实这至多是把人牵引到一起，或联锁不散而已。若要和好地共处，积极地协作，却必在此不隔之心。没有此不隔之心，任何社会生活都搞不好，乃至搞不下去。故此人类社会之所以能成功，所以能发展，其心理学的基础不是旁的，就是人心。”[①] 梁漱溟其实在《东西文化及其哲学》时期就侧重于从“意志”等心理现象来解释文化发展的动力。而到了十分注重“主观能动性”的新中国的政治格局中，他进

① 梁漱溟：《中国建国之路》，《梁漱溟全集》第三卷，山东人民出版社2005年版，第369页。

一步发现意志的力量对于社会发展的意义，并将之看作是“心”的政治对“身”的政治的超越。

梁漱溟十分相信人心的力量，并认为人与人之间就其本然状态而言是身隔而心不隔，[①] 如果人与人之间产生间隙，那也是后天的习染所导致。在此，梁漱溟吸收了王阳明的良知思想。王阳明思想对梁漱溟的影响是十分明显的。如果说梁漱溟从事乡村建设运动是受到阳明学中“觉民行道”社会改造观念的影响的话，那么建国之后对于人心问题的重视，则主要是强调了良知的启发作用。此良知人人皆具，而“天资卓越出群的人独能从其伟大真切的痛痒好恶即良知（良心）起而革命，领导群众改造社会习俗，即从启发群众的痛痒觉悟来领导群众”[②]。

人心之间的间隙主要是基于物质匮乏。在现代社会，物质供给依旧不足，在这种背景下，想要不靠威胁利诱这种强制性的措施而造成公私利益的一致、人心的相通，唯有靠人心中崇高的一面被激发。“心一定不要被

① 梁漱溟意识到强调人心之不隔，可能会遭受个人主体性被遮蔽的质疑，但他认为心的透出是身体摆脱物的限制之后的事。就心理机制而言，如果有共同的目标和追求，那么人心之不隔就可以实现。比如家庭作为一个小的共同体。参见梁漱溟：《中国建国之路》，《梁漱溟全集》第三卷，山东人民出版社2005年版，第392页。

② 梁漱溟：《读阳明先生咏良知诗》，《梁漱溟全集》第七卷，山东人民出版社2005年版，第863页。

身所牵掣牵累，而自由活泼达于忘身（忘我）之境，始能还其本来的伟大；然却不能离开身而有心的表现；人类一切伟大力量皆从此出。”[①] 如果只是外在的鞭策和惩罚，心的力量自然难以持续呈现。梁漱溟关于身心和社会之间关系的讨论，我们将在下文解读《人心和人生》一书时作专门的分析，在这里我们先聚焦于他是如何通过身心关系分析中国共产党通过建立团体生活而获得成功的。

在梁漱溟看来，中国共产党的建国运动取得成功，根源在于摸索出了一条新的道路，“中共只是无意中作了两桩事：好像一个伟大宗教那样子，填补了中国缺乏宗教的漏空；此其一。从而引进了团体新生活，以代伦理旧组织；此其二。”[②] 有了在东北新国营企业考察的亲身经历，梁漱溟十分赞许中国共产党通过引进团体生活来激发人们创造热情的实践。这些成功解答了他以前存有的西方道路和苏联道路走不通的疑虑。从东北看到的情形符合他心目中理想团体生活的状态：既能为团体的成员解决具体的问题，而团体成员又自觉主动地献身于团体的事业。

梁漱溟更惊叹于共产党的团体凝聚力，他觉得这些

① 梁漱溟：《中国建国之路》，《梁漱溟全集》第三卷，山东人民出版社2005年版，第388页。

② 同上书，第384页。

从事革命工作的人有一种特殊的禀赋，无论经历多少次失败都没有动摇过信念。“过去革命一次再次失败，其他原因不谈，总为革命的力量不能把革命在长时间坚持贯彻下去，以底于成。这并不是过去那些革命家一个个都比不上今天这些革命家（共产党人）；论精神他们是可以相比的，但却没有今天这样坚强有力的革命团体。”[1]毫无疑问，就团体的凝聚力的坚固性和持续性而言，中国共产党堪居魁首。

梁漱溟在制度上也认同了人民民主这样一种“新民主”。他原先以为一切由国家和集体来包办这样的集体主义以代替个人选择的放任政治是行不通的，因为领导者“站在人民大众立场，真为人民作事。不止为人民作事，而且作的时候如何作法亦是依靠群众的，要从群众里面寻求办法”[2]。这些可以看作是梁漱溟通过考察得出的结论，也可以看作是他对于新民主的期待，这也是当他在几年后看到农民在集体化过程中并没有得到参与机会，而只是被动服从时，表现出如此失望的原因。

不过，梁漱溟更喜欢从中国传统中去寻求新政治体系的内在力量，他认为中国共产党的这些团体力量并非完

① 梁漱溟：《中国建国之路》，《梁漱溟全集》第三卷，山东人民出版社2005年版，第409页。

② 梁漱溟：《在政协整风小组会上向党交心的发言》，《梁漱溟全集》第七卷，山东人民出版社2005年版，第50页。

全来自苏联的经验，而儒家的仁义思想也为中国共产党的坚强团体形成创造了好的条件。“像共产党所说无产阶级那种精神或心理，却正是中国人所早成为好尚的东西——仁与义。其不同者：无产阶级的仁与义是从其敌我形势逼迫而出，种种刺激锻炼而成，可说是自外而内；中国人则从内心之启发点醒而来，有自内而外的样子。”[①] 这听上去有一些吊诡。因为按我们的认知，梁漱溟是认定儒家的价值观不利于建立团体生活的，而在此，他要分析仁义之心对于团体生活的支持作用。对此，梁漱溟的解释是传统文化要进行改造才能展现其新的活动，特别是对于新中国的建设而言。所以，建国过程同时也包含有改造文化的使命。“而建国这件事呢？在今天便是改造文化。本来数千年的老中国何待再建？说建国，其意乃在建造一新中国社会；而社会所以要新，却在文化上。政治要新，经济要新，种种皆要新，而不从宗教、道德、礼俗、法律这些新起，却新不了。照直说：建国问题，正是何如对中国人心理上改换道路走的那个问题。”[②] 梁漱溟就此认为革命是一条新的道路，虽然与传统的儒家思想有关联，但却不是自然的延续，而是新的创造。以前对此认识不深，是其乡村建设未获成功的原因之所在。“我当初不同意共产党这条路，而

---

① 梁漱溟：《中国建国之路》，《梁漱溟全集》第三卷，山东人民出版社2005年版，第404页。

② 同上书，第370—371页。

自己要走乡村建设之路，亦正为自己并不是先受了传统影响；恰相反，乃是碰了钉子才认出问题来，固有其自信在。但今天我的路没走通，而共产党的救国建国运动却有成效见于世。——特别是见出了人心的透达流行渐有其新路道，人的生命之相联相通渐有其新路道，大致可解答我夙日的问题。”①

① 梁漱溟：《中国建国之路》，《梁漱溟全集》第三卷，山东人民出版社2005年版，第383页。

第十章　农民问题：梁漱溟与毛泽东的争论

1953 年，经过三年国民经济的恢复，中国共产党提出了过渡时期的总路线，要完成由新民主主义社会向社会主义社会的转变。具体地说，就是要实现国家的社会主义工业化，并逐步实现国家对农业、对手工业和对资本主义工商业的社会主义改造。改造的主要方式，就是通过公私合营以及国家资本主义的方式将私营企业社会主义化。在农村则是通过建立互助组、合作社到社会主义的合作社，对粮食采取统购统销的方式。对于这些政策，梁漱溟并不完全赞同。在 1953 年 9 月 11 日的政协扩大会议上，梁漱溟发表了自己的看法。他的核心意见包括，中国政治的改造要随经济改造而完成，也就是政治体制改革要与经济发展的程度相适应。对于优先发展重工业和私营工商企业的改造的政策，应该提出来让大家讨论。梁漱溟此前考察国有企业和土改时所强调的“透出了人心”，主要是说共产党的新政策让人民群众有参与感，从而激发了他们上下一心的主动性。但总路线和其他计划的制订，人民群众却被“置身事外”，工人和农民并没有机会参与决策，这就与他心目中的“建国运动”相去甚远。“必须把群众工作作好，启发其自觉，让他发出一种积极性，如此建国才有根本，如此才称得起‘建国运动’，而不是你建你的国，或者被拖着走，蒙在鼓里莫名其妙，人各一心，而不是大家一个心。”[①]梁漱溟认为动员民众本来是共产党干革命时的拿手戏，应该将之运用到建国的过程中。

这篇发言的要点则在于对农村工作和农民地位的议论上，据事后的反应看，这是引发梁漱溟与毛泽东争论的关键。在农民问题上，梁漱溟直接参与过土改，又一直关心农民的问题，他的批评应该有一定的事实依据。他认为农村工作中行政命令过多，而教育意味不足。农民普遍有失落感。除此而外，梁漱溟显然感觉到优先发展工业建设城市的方针，客观上扩大了城乡的差别。“过去二十年的革命全在于发动农民、依靠农民。依靠农民革命所以成功在此，而农民在革命中亦有成长，但进入城市后，工作重点转移到城市，成长起来的农民亦都随着到了城市。一切较好干部都来作城市工作，此无可奈何者。然而实在……

① 梁漱溟:《1953年9月11日政协扩大会议上的发言稿》,《梁漱溟全集》第七卷，山东人民出版社2005年版，第4页。

今建设重点在工业，精神所注更如此。生活之差，工人九天，农民九地。农民往城里跑，不许他跑。人才财力集中都市，虽不说遗弃吧，不说脱节吧，恐多少有点。然而农民就是人民，人民就是农民。对人民照顾不足，教育不足，安顿不好，建国如此？当初革命时农民受日本侵略者，受国民党反动派暴虐，与共产党亲切如一家人，近日已不存在此形势。”①

梁漱溟发言后，当时并没有人提出反对意见，甚至还有人表示赞同。到了第二天，即9月12日，政协常委扩大会议转为中央人民政府委员会扩大会议。毛泽东在彭德怀作关于抗美援朝情况报告后发表了即席讲话。他说，有人不同意我们的总路线，认为农民生活太苦，要求照顾农民。这大概是孔孟之徒施仁政的意思吧。然须知有大仁政小仁政者。照顾农民是小仁政，发展重工业、打美帝是大仁政。毛泽东所说的孔孟之徒就是指的梁漱溟，他认为梁漱溟在发言中夸大工人和农民之间的矛盾会破坏工农联盟。

从这次政协会议的发言中，我们可以看出，梁漱溟虽然接受了阶级斗争等观点，但是他没有能够跟上毛泽东以重工业和城市为基础的建国思路。这个方针有其必然性，这是由当时国内外的客观形势所要求的，当然也可以看作

① 梁漱溟：《1953年9月11日政协扩大会议上的发言稿》，《梁漱溟全集》第七集，山东人民出版社2005年版，第5—6页。

是对苏联经济模式的一种复制。在这样的大目标下，农民作为在革命年代的主要依靠对象，在新的国家建设格局中需要做出一些牺牲。这种局面让梁漱溟对新中国的认识造成了一定的冲击。长期从事乡村建设运动的梁漱溟要为农民利益呼吁，甚至主动要作为农民立场的表达者。

在1953年9月的中央工作会议上，毛泽东等领导同志显然对梁漱溟的言论很是不满，指责他对于农民生活的抱怨是反对过渡时期的总路线，甚至联系到了梁漱溟在民国时期的一些表现，由此对梁漱溟的政治品格表示了怀疑。根据梁漱溟自己的回忆："17日的会上，周总理忽以检讨梁某的路线为题讲了很长的话，大致说我一贯反动成性。其中特提出1946年南京和谈中的一段事情和1949年春我在重庆《大公报》发表的几篇文章为例。当时并把一篇《敬告中国共产党》印出在会上散发。又当周总理讲话时，毛主席频频插进讲几句话，其中似有这样的话：假若明言反动路线，主张注意农业，虽见解糊涂却是善意，可原谅；但梁某则不是，他是恶意的。我至此乃知自己出言不慎，遭到很深的误会。我当即请求发言作答，主席台嘱我准备次日发言。"① 在延安的谈话中，毛泽东的看法是梁漱溟虽然长期从事乡村建设，但见解却始终是糊涂的，不过这次却怀疑到其"政治动机"上。

① 梁漱溟：《略记9月9日至18日的一段经过》，《梁漱溟全集》第七卷，山东人民出版社2005年版，第17页。

有冷静的分析者认为，这次梁漱溟与毛泽东之间的激烈冲突并不应该以“骨气”论来进行道德化解读。其实，梁漱溟是支持过渡时期总路线的，只是当时党内外有许多人都对“一五”计划以及总路线有不同的看法，而梁漱溟又选择在政协大会上表达不同意见，所以毛泽东便会指认梁漱溟对农民的同情是出于反对总路线。[①] 当这样误会发生之后，梁漱溟很后悔，特别希望能有机会解释他的真实想法，不过事与愿违，误会进一步加剧。

1958 年 9 月 18 日，梁漱溟有了发言的机会。在前几天的会上，毛泽东和周恩来说他一贯反动，这让他急于做政治上的“澄清”，他从历史上的是非来解释他与中国共产党的异同。不过，梁漱溟其实很难在这样的场合做到“自证清白”。他刚开始讲，就有很多人起哄不让他继续往下讲。梁漱溟坚持要发言，他说在人格上和动机上不应该轻易地怀疑别人，在知识见解上不要过于相信自

① 在毛泽东看来，合作化不仅是一个政治任务，而且也是解决农民困难的途径，他也相信百分之八十甚至九十的农民是支持的。更为复杂的问题在于，毛泽东在某种程度上认为，为了国家发展的总体目标，有一些利益受损是应该被接受的。“党内、党外对农村工作有很多议论。党外梁漱溟说农村情况很不好，党内也有要保护农民利益的说法。马克思、恩格斯从来没说过农民一切都是好的，农民有自发性和盲目性的一面。农民的基本出路是社会主义”，并认为农民可能忘记了分土地的好处。（参见毛泽东：《粮食统购统销问题》，《毛泽东文集》第六卷，人民出版社 1999 年版，第 295 页。）如果从大仁义和小仁义的角度看，在总体目标下，个体的利益应该服从总体的计划。

己。否定了周恩来和毛泽东对他政治品格的怀疑。“还说了我要看看共产党批评与自我批评是不是真的，我要看看毛主席有无雅量等狂妄的话。马上激起了会场上大家反感，都来制止我说下去。不到几分钟就只好下来了。”[①] 在毛泽东的回应中说，要说梁漱溟比共产党还懂农民，就好像说毛泽东比梅兰芳还会做戏那么可笑。不过毛泽东对于梁漱溟还是存有雅量的。他说，要承认梁漱溟是正确的这个雅量没有，但让梁漱溟继续担任政协委员的雅量还是有的。

这次冲突之后，梁漱溟的政治待遇表面上并没有变化，不过，他从此也没有了再跟毛泽东单独谈话的机会。配合当时正在开展的思想改造，对其思想的批判也作为知识分子改造的一部分。结合 1954 年开始的宣传唯物主义的需要，发动了批判资产阶级唯心主义的运动，对梁漱溟思想进行批判也作为运动的一部分。自 1955 年开始，中国的主要报刊和科研院所都组织了许多批判文章和专题会议，并由生活· 读书· 新知三联书店出版了两辑《梁漱溟思想批判》论文集。这些文章批判的范围包括了梁漱溟的所有著作，也批判了其乡村建设运动的实践。在这个过程中，梁漱溟承认了他在政治上有错误，但始终不承认他反对总路线。“当时批判我反对总路线。其

① 梁漱溟：《在政协整风小组会上向党交心的发言》，《梁漱溟全集》第七卷，山东人民出版社2005年版，第41页。

实我并没有反对总路线。我反省我错误是严重的，但非错在反对总路线上。我向领导上自承错误，但到今天始终没承认反对总路线。”[①]

但在思想上“还不能每一篇都心悦诚服”[②]。梁漱溟觉得许多批判文章对他“启发不大，益处不多”。他甚至对郭沫若和潘梓年对他的“由衷之言”有反讽式的回应。比如，针对许多人说他受柏格森唯意志论影响的说法，他反倒去请教曾翻译过柏格森著作的潘梓年，潘当时是中国科学院哲学社会科学部的负责人，他问潘是如何摆脱柏格森的影响的，致使后者一时语塞。这种反讽式的提问也体现了梁漱溟对于自己思想观念的坚持。

梁漱溟承认他在政治立场上的错误有四条：一是在阶级问题上，拒绝以阶级眼光看中国社会；二是没有把“今天的我”和“过去的我”分开，因此政治立场不稳；三是抗拒改造自己的思想；四是新中国成立以来，对于在共产党领导下取得的巨大成就自己要衷心的拥护。[③]这些自我批评式的概括虽然有被迫的成分，但起码前两条是梁漱溟反复承认的。所以，有的学者认为，跟 1938 年那次在窑洞里关于中国革命前途的争论所不同的是，这次轰动一时的

---

① 梁漱溟：《在政协整风小组会上向党交心的发言》，《梁漱溟全集》第七卷，山东人民出版社2005年版，第34页。

② 梁漱溟：《1956年在政协大会上的发言》，同上书，第29页。

③ 参见上书，第29—32页。

争论的出发点是“同”。即梁漱溟并不反对中国共产党的总路线，而只是希望中国共产党保持其在战争年代所养成的群众路线，能够在做出决策的时候倾听不同群体的意见。[①]

① 参见洪涛：《同与异的政治——毛泽东与梁漱溟的两次争论》，洪涛主编：《希腊与东方》，上海人民出版社2009年版，第358页。

第十一章　由身到心：梁漱溟的制度进化论

朱维铮说："晚清的文化史早已证明，至迟到本世纪初，对于关注西方思想的中国学者来说，'社会主义'已非陌生名词。……本世纪开端，关于西方社会主义理论的中文译介，已有多种。其中防止资本主义社会弊病的议论，很快引起苦于中国社会的前近代顽症难以消除的年轻学人的共鸣。"[①] 中国人被社会主义思潮所吸引是不难理解的，处于资本主义殖民侵略下的中国知识分子，陷于一个双重的困境之中，要摆脱西方的殖民侵略，就必须学习西方的政治经济体制，然而作为被殖民的一方，对这种体制的正当性又存有怀疑。由此，作为对资本主义经济体制提

① 朱维铮：《求索真文明：晚清学术史论》，上海人民出版社1996年版，第246页。

出批评的马克思主义，以及其他包括无政府主义在内的思想，特别能够感染早期中国学习西方的人士。[①]梁漱溟、熊十力等新儒家当然也会被吸引。所不同的是，基于对于传统思想的了解，他们更愿意从自身的文化传统，特别是儒家的观念中去寻求与社会主义的接榫之处。特别是在1949年中华人民共和国成立后，如何理解社会主义中国，成为留在大陆的新儒家人士所必须要面对的问题。与熊十力等直接从儒家经典找寻社会主义与民主思想一致性所不同的是，梁漱溟更倾向于从文化心理入手来解释中国接受社会主义思想的必然性，而《人心与人生》是他在这方面最重要的著作。

中国共产党建立新政权的事实，让梁漱溟反思以前固执于中国特殊性的偏颇，但他也不是完全否定自己经过反复思考所得出的结论。他坚持认为中国文化所造就的独特的生活样态不是社会发展史模型所能简单套用的，所以，他又开始从中国的独特性出发思考新中国取得成功的原因。[②]梁

① 金观涛比较全面地总结说："社会主义价值一直是有两种价值取向合成的：一是平等（特别是经济平等），另一个是不以西方现存的社会为学习榜样。在清末立宪派和革命派有关是否需要社会革命的大论战中，社会主义之所以是革命派的旗帜，这是因为他们既认同平等价值，又要求中国经济发展应尽可能避免资本主义的弊病。"见金观涛、刘青峰：《观念史研究：中国现代重要政治术语的形成》，法律出版社2009年版，第218页。

② 梁漱溟批评熊十力的许多论断只是来自书本，或者对其他学者对于同类问题的研究成果缺乏关注，所以陷入望文生义、自说自话中。参见《读熊著各书书后》，《梁漱溟全集》第七卷，山东人民出版社2005年版，第757页。

漱溟希望从人心的角度来探索这个原因，并决定续写《人心与人生》。但这本书的写作并不很顺利，这促发他先发表了一个相对短的文字，即他于1959年开始写作的《人类创造力的大发挥大表现》，该文即是从“心”的创造性来解释建国十年何以能取得如此大的成就。

从书名中我们就可以看到，“创造”是这本书的关键词，而且这个“创造”并非仅仅是指物质产品的生产，而是人类生命存在的目的。“人生无目的之可言，假如有的话，那就是创造，无尽的创造。一切利用厚生的经济建设不过为了更高的创造准备条件，更高的创造又给更更高的创造作前提。”[①] 据此，要辨别社会制度好坏的标准也在于该制度是否有利于人们创造力的发挥。与一般所说的竞争激发人的创造力不同，在梁漱溟看来，社会主义之所以比资本主义优越，在于资本主义社会崇尚竞争，而导致人们关注于利益而无暇去创造。而在社会主义社会里，生产有计划，生活有保障，容易激发人们的创造力。很显然，梁漱溟所谓的创造，既不是科技发明创造，也不是物质财富的创造，而是“人心”的创造性。

以新中国的成立为例，梁漱溟认为，中国共产党创立了一个既不同于老中国也不同于近代国家的一个新国家。他也意识到在一个高度计划性的管理体制中，领导人在发

① 梁漱溟：《人类创造力的大发挥大表现》，《梁漱溟全集》第三卷，山东人民出版社2005年版，第420页。

挥运用国家权力的时候，存在着是否得法的问题。但他所亲身经历的“历史”让他充分相信中国共产党自成立以来三十年的革命经验所积累的领导技艺。“中国共产党和毛主席今天所以在领导着我们全国的人，其前提在于掌握了领导权——掌握了中国国家机构。人类历史上自从有了国家的出现，人们便是分在不同国度内或多或少被强制地领导生活着。不掌握这领导权就不能对国人实行有效领导，所以从共产党毛主席来说，创建这领导权是其实行有效领导的第一步。而从全国人民来说，亦是从缺乏统一领导转入于有了领导而后其创造力乃得到发挥表现的。所以这是第一最大关键之所在。”[①] 这一点对于梁漱溟那一代人而言特别重要。以前的国家贫弱，一个很大的原因就是国家领导权难以确立。除此之外，因为落实了群众路线，无论是在战争年代，还是在新中国成立后的十年间，中国共产党都有把群众吸引到自己这边的能力。

从创造力出发，梁漱溟将人类社会分为“自发时代”和“自觉时代”。他认为在资本主义社会及以前，人的心计大多直接从身体的要求而来，属于人类社会的自发阶段；而废除个人私有制代之以公有制之后，社会本位取代了个人本位，建立起利益共同体，这样，人类社会也开始

① 梁漱溟：《人类创造力的大发挥大表现》，《梁漱溟全集》第三卷，山东人民出版社2005年版，第422页。

进入“自觉时期”。[①]

从某种意义上说，《人类创造力的大发挥大表现》一文是从人的主动性、自觉性和计划性来强调人的创造力的，试图从心理层面来讨论历史和社会发展的可能性。梁漱溟对于人的心理现象的关注可以追溯到1921年他发表《东西文化及其哲学》的时期，他特别关注从心理学的角度去探究中西文化的差异。不久，梁漱溟意识到他对某些西方心理学理论的运用并不准确，对人类的心理现象体会不深，因此，他一直希望写一部探讨人类心理问题的著作《人心与人生》，并在1926年就写了序文。梁漱溟就这个主题也做过几场讲座，但是书一直没有真正动笔。后来梁漱溟逐渐将精力放在乡村建设和其他政治活动中，这本他念兹在兹地发掘人生问题的书被延宕到1950年代。

也许是对于自己在心理学方面知识准备不自信，梁漱溟有去苏联学习的打算。1952年8月7日，梁漱溟主动要求跟毛泽东交流意见，“我提出想去苏联作学术研究的请求。往者迫于国难和社会问题的严重，我多年来奔走四方不遑宁处，虽然生性好为深思，有心从事专题研究而未暇。今幸在党的领导下，正好有了安居治学机会。所以要去苏联者，是要去学习巴甫洛夫高级神经活动之学。因我蓄意写《人心与人生》一书已多年，巴氏之学虽属生

① 梁漱溟：《人类创造力的大发挥大表现》，《梁漱溟全集》第三卷，山东人民出版社2005年版，第438页。

理学，非心理学，却与心理学密切相关。研究它，可免心理学空疏之弊。”[①] 从梁漱溟的日记看，这个时候，他开始连续听俄语广播，应该是在自学俄语，为去苏联学习作准备。因为毛泽东的劝阻，苏联没去成。1953 年在政协会议与毛泽东发生正面冲突后，梁漱溟陷入新的政治旋涡中，《人心与人生》一书的写作计划又被搁置，一直到 1970 年才重新开始写作，并于 1975 年 7 月完成。在日记中，梁漱溟多次提到他写作《人心与人生》的事，从他这个时候的阅读情况来看，他是阅读了许多心理学的书，也读了康德的《纯粹理性批判》《实践理性批判》这样的纯粹的哲学著作，但他并没有描述这些作品对其思考的助益何在。

要从心理角度讨论人生问题，梁漱溟首先要回应的是人性问题。他也是把这本书当作新的《人性论》来写的。他说，中国古代素来以人性善恶来展开人性论的命题，而近代以来又有一个新的命题引入，即是否存在超越阶级性的普遍人性。在阶级学说中，否认存在超越阶级立场的普遍人性，这一点毛泽东在《延安文艺座谈会上的讲话》中有明确的论断，对此，梁漱溟并不同意。他认为阶级性固然是人性的很重要内容，但属于历史发展的一定阶段的产物。阶级性并不是人类产生之初就有的，而且在未来阶级

① 梁漱溟:《追记在延安北京迭次和毛主席的谈话》,《梁漱溟全集》第七卷，山东人民出版社 2005 年版，第 448 页。

消灭之时，阶级性也不复存在。前文已述，在梁漱溟这里，无产阶级既是一个阶级又是阶级的埋葬者，所以既有独特的阶级立场，又超越其立场。这一辨析在《人心与人生》一书中占有基础性的地位，并由此发展出对于未来社会的认识。

梁漱溟说，从一般人的生活来看，主要有生存和繁衍两个主题，但这也是一般动物的主题。人与动物之不同，在于通过不断的创造，突破自己的局限。当人类从机体的本能状况解脱出来后，就不再是工具性的存在，而是能将基于生存和繁衍而呈现的利害得失的计较，上升、转化为无私的感情。"具此无私的感情，是人类之所以伟大；而人心之有自觉，则为此无私的感情所寄焉。人必超于利害得失之上来看利害得失，而后乃能正确地处理利害得失。"[①] 人之所以为人，在其心；心之所以为心，在自觉。很显然，这是对启蒙思潮中个人本位倾向下肯定人性自私的一种批评。

身体是隔的，人心是相通的。"生命本性要通不要隔，事实上本来亦一切浑然为一体而非二。吾人生命直与宇宙同体，空间时间俱都无限。古人'天地万物一体'之观念，盖本于其亲切体认及此而来。此必从张目四望之散乱意识收敛、潜默、凝合到生命本身，亦即从有所对待转入

① 梁漱溟：《人心与人生》，《梁漱溟全集》第三卷，山东人民出版社2005年版，第593页。

无所对待方得。”[①] 梁漱溟认为传统儒家就一直强调万物一体之仁，近代以来在科学主义影响下，将“一体”只看作是意识上的假设，这未免可笑。

在这里，梁漱溟再一次强调了中西社会在构成原理上的差异，并有将这种差异历时化的倾向。近代以来西方人认为社会强调基于自利的算计来达到交相利的后果，所以对于本能和情感的因素缺乏认识。这样的社会并不理想，要从改造社会构成原理来改变它。

梁漱溟之所以讨论心理学的问题，目的是要从社会构造原理出发来说明为何社会主义适合中国，并应该成为世界社会主义运动的领导者。要承担扭转历史发展方向的使命，其支持的力量就是中国文化。对此他有系统的论述：“处在资本主义下的社会人生是个人本位的；人们各自为谋而生活，则分别计较利害得失的狭小心理势必占上风，意识不免时时要抑制着本能冲动，其人与人之间的感情是很薄的（如《共产党宣言》中之所指摘）。同时，作为阶级统治的国家机器不能舍离刑赏以为治（此不异以对付犬马者对人），处于威胁利诱之下的人们（革命的人们除外）心情缺乏高致，事属难怪。——此即人类即将过去的精神面貌。转进于社会主义的社会人生是社会本位的；大家过着彼此协作共管的生活，对付自然界事物固必

① 梁漱溟：《人心与人生》，《梁漱溟全集》第三卷，山东人民出版社2005年版，第583页。

计较利害得失，却不用之于人与人之间；在人与人之间正要以融合忘和的感情取代了分别计较之心（如所谓‘人不独亲其亲、子其子’）。同时阶级既泯，国家消亡，刑赏无所用而必定大兴礼乐教化，从人们性情根本处入手，陶养涵育一片天机活泼而和乐恬谧的心理，彼此顾恤、融洽无间。——此则其最近未来的新精神面貌。”①

根据梁漱溟1949年以后的思想轨迹，很难断定这样的结论是来自他的心理分析，还是从中国的社会主义实践来总结出这样的心理转变的。从上述对心理和社会形态转变的分析中，我们可以看到他对于普遍人性和阶级性关系的处理。他对于人心的主动性、计划性和灵活性的分析，虽然吸收了当时一些意识形态的话语，但他又始终不停留于意识形态的断语，而是逻辑内在地从社会主义的实质来矫正对于阶级性的片面强调，从而以儒家的万物一体之仁去找寻儒家的理想与人类理想社会之间的心理贯通。②

《人心和人生》就是要处理文化与制度之间的关系，强调任何制度都要建立在文化心理的基础上，由此，梁漱

① 梁漱溟：《人心与人生》，《梁漱溟全集》第三卷，山东人民出版社2005年版，第607页。

② 陈来认为，梁漱溟的《人心和人生》并不能算是科学意义上的心理学，而更像是心灵哲学，其功能与宋明理学的心性论是一致的。把道德情感说成人心的主体，试图为儒学的理念提供心理学的基础，但落入以理想规范事实的悖论中。参见陈来：《现代中国哲学的追寻》，人民出版社2001年版，第274—275页。

溟展开身心问题的讨论，涉及人的性情、气质、习惯、社会的礼俗、制度，等等。

在讨论性情的时候，他比较强调后天的环境和教育对于人格形成的作用。这里他比较接近唐君毅对于孟子人性观的解释，认为人性是人情的一种“趋向”，趋向只是一种可能性，而非必然性。因此，“恶起于局，善本乎通”[①]，即任何人都有向善之心，囿于不同的环境，可能会产生不同的性情。

与情感相关的是气质，气质属在性情之中，不过更接近于本能，与身体状况有密切关系，人心是灵活的，气质则有稳定性，所以人的修养功夫尤其要在变化气质上用力。

习惯则是人类在不断与自然发生关系时所形成的基本应对方法，所以，习惯是由心与身往复循环中得到落实巩固。这样的习惯定型化就会转变为礼俗、制度。上述分析的目的是为了说明制度和礼俗产生的原因，在论述中也结合了经济基础和上层建筑之间的关系。

那么，礼俗和制度有什么力量来维护呢？梁漱溟指出了三种。一种是“利益”，也就是“理智之力”，人们选择接受或拒绝某一种制度和礼俗，有其利害得失的考虑。二是理性之力，虽然不一定符合自身的利益，但因为合乎

① 梁漱溟：《人心与人生》，《梁漱溟全集》第三卷，山东人民出版社2005年版，第672页。

总体的价值倾向。三是强霸之力，就是通过强力让人们服从。在这里，梁漱溟提出了新的衡量社会发展的标准，即社会必然由“力”的世界向“利”的世界，最后迈向“理”的世界。这个价值目标是人类宇宙的大生命内在活力的体现。“宇宙大生命的活动不外基于宇宙内在矛盾争持而来，其争持也，似在力反乎闭塞隔阂不通而向着开通畅达灵活自由前进。生物演进终于出现了人类者在此，人类社会发展前途只有符顺于此方向的才算对（好），否则，不对（不好）。”[①] 在梁漱溟看来，人类追求利益甚至用强力手段让人们接受某种制度，都是身心分离的一种后果，当人类沟通越来越发达的时候，就到了人类重新反思这样的制度合理性之时了。

梁漱溟比较喜欢用“三阶段”论来描述人类的发展，比如，若采用“阶级”的视野，就可以说，阶级未萌、阶级发达到阶级消亡三个阶段。如果从身心关系，也可以分为身心未分、身心分离到身心合一。梁漱溟认为人心的所有活动离不开身体，就人类历史和个体生命而言，身心关系循着合—分—合的三段论不断演进。最初身心合一，随着身体的发展、心智的成熟，身心之间便产生距离。理智大启，本能削弱，这样身渐服于心，而身体的文化则让位于心的文化。人类的气质习惯和秩序制度的形成也与此相

① 梁漱溟：《人心与人生》，《梁漱溟全集》第三卷，山东人民出版社2005年版，第692页。

类似。在身体占主导的社会中，气质习惯和秩序制度受制于自然，而随着人类历史转入主动，人心的主动性和创造性得到充分发挥，这样人类的情感因素逐渐展现于制度和习俗之中，并促进人类改变人与人之间互相争夺、防范的制度，建构成彼此亲和无间的社会。这是一个心随身来又逐渐心超乎身的过程。在这个过程中，宗教这种借助于外力的信仰就会被强调情义的道德生活所取代（以道德代宗教），而艺术化的生活方式将取代为生存和繁衍为目标的生存竞争。在这个解释范型下，梁漱溟又对儒家文化产生了巨大自信。或许是梁漱溟的文化自觉让他对中国文化充满自信，虽然这样的自觉和自信在内容上与乡村建设时期已经有了很大的不同。在乡村建设时期，梁漱溟要以文化的特殊性来证明乡村建国之路，而此时他所要证明的是社会主义何以在中国取得最大的成功。

梁漱溟说，中国和印度文化因其早熟而在近代遭遇到失败，但随着资本主义危机的加剧却又可以发现中国文化复兴的可能。固然万物一体的礼乐教化社会“诚非中国古老社会所曾有过的事实，然却一望而知其为两千多年间在儒书启导下中国人魂梦间之所向往，并且亦多少影响到事实上”。因此，“作为一个中国人的我，预见到世界未来景象如此，就径直目以为中国文化之复兴”。[①]梁漱溟所做

① 梁漱溟：《人心与人生》，《梁漱溟全集》第三卷，山东人民出版社2005年版，第608页。

的并非是将儒家典籍中所描述的理想社会现实化，而是强调这种理想主义背后的逻辑是中国人思维方式中十分重要的组成部分。

梁漱溟从 19 世纪末 20 世纪初西方文化和社会转向中看到这个复兴现实化的可能。比如以弗洛伊德等为代表的西方心理学越来越肯定本能，这就预示着对于情感在认识过程中的重要性的确定。梁漱溟相信社会在“最近的未来”要转入社会主义阶段，这标志着西洋文化之没落、中国文化之复兴乃是一个可以期待的前景。

按梁漱溟的日记推断，梁漱溟的《人心与人生》与《中国——理性之国》的写作是同时交叉进行的，这两本书有功能上的互补性。使用一个不恰当的比喻，如果说《人心和人生》是梁漱溟讨论“内圣”之书，是为他的制度理想提供心理和人性论的基础的话；那么《中国——理性之国》则是“外王”之书，是将他的内圣理论在现实中的落实。其缺憾是因为梁漱溟当时大多只能阅读到《参考消息》等报纸，其他的书籍十分缺乏，对于世界的了解渠道很少，所以他将现实中的中国加以“理想化”。

在写作《人心与人生》的过程中发生了“批林批孔”运动。在这个运动中，孔子被描述成一个阻碍历史进步的、“复辟倒退”的“反动思想家”。本来梁漱溟并不想公开发表意见，但在政治压力下，他还是发表了一番长篇谈话，坚称孔子是支持历史进步向前的。在这个阶段他写作了《今天我们应当如何评价孔子》一文，通过对主流意识形态话语的辨析来凸显中国的特殊性，并说明儒家与社会主义并不矛盾。[①] 他也从以身和心关系为基础的社会发展理论来解释中国革命，可以说是用《人心与人生》中的理论模式来分析中国的历史和现实。

梁漱溟说，在社会发展史上有自发的革命和自觉的革命两种革命形态。在很长的历史时期内，革命发展的动力主要来自于求生存，中国历史上所发生的农民起义都属于自发的革命。独独到了社会主义革命，则转变为自觉地创造历史的新的革命形态。为解放全人类而发动的革命，就不再是为某一个具体阶级的生存和繁衍而起的自发革命。自觉的革命必须得是对于人类的历史发展规律有高度的认识，并需要从人类的生命深处发出“深心大愿”才可完成。

由此来反观梁漱溟以前的革命论说，可见他的思想有了进一步的推进。他曾以为中国社会素来只有治乱循环而没有发生导致社会秩序根本改变的“革命”，认为只有发生于 1911 年的辛亥革命可以称得上是真正意义上的

---

① 梁漱溟在文中提到熊十力的《原儒》一书，“书中不少援引民主主义社会主义的话，乃至采用马克思主义观点的话，来宏扬孔子的内圣外王之学，其实是完全失败的”。他认为五四运动之后，儒家的价值并未得到共同的认可，所以需要一种独特的方式来说明，才有可能被别人“听进去”。参见梁漱溟：《今天我们应当如何评价孔子》，《梁漱溟全集》第七卷，山东人民出版社 2005 年版，第 271 页。

革命。在这个过程中，一切法制礼俗都重新制定，可惜的是这些新制定的制度没有得到落实，观念也没有发生根本转化，因此，辛亥革命并不能算是革命的真正完成。“到1949年中国共产党领导建成新中国，从而在无产阶级专政下稳定至今，社会新秩序渐次创造形成，这才是经历两千多年不见有革命后的一次真正大革命。这一大革命的特色，便是从心出发而非从身出发，即是以人心自觉为主，而不是自发性的。”①进而言之，非但革命的发生是从心出发，甚至革命之所以获得胜利也是依靠人心，通过群众路线征服了人心、唤醒了人心、团结了人心。于是，中华人民共和国成立可以说是一次“自觉的革命”，“革命从心出发是中国革命的特色”。以具体的方略为例，新中国成立的全过程，就是把敌我友都争取过来，“从身体对抗入手而以人心归附作终结”。②

① 梁漱溟：《今天我们应当如何评价孔子》，《梁漱溟全集》第七卷，山东人民出版社2005年版，第271页。

② 同上书，第289页。

第十二章　理性之国：社会主义的中国文化土壤

对于20世纪至今的中国思想版图而言，社会主义思潮是最具影响力，也是对中国社会秩序和制度结构影响最大的思潮。因此，新儒家思潮的社会主义思潮之间的关系也是最值得关注的。

就康有为、章太炎一代的新儒家而言，他们甚至是最早传播社会主义思潮的思想家。章太炎在因为“《苏报》案”出狱流亡日本之后，与日本的社会主义者幸德秋水有过接触。他与无政府主义之思想的论战，客观上也让人们了解了无政府主义与社会主义之间的关系。章太炎的《齐物论释》可以看作是近代讨论平等问题最为深刻的作品。他所推崇的社会理想中，也不难看到社会主义的影子。比如他在《五无论》中描述的未来共和制社会，有四条社会治理方案：均配土田，使耕者不为佃奴；官立工场，使佣人得分赢利；财富不传给子孙；政治清明。前两条具有明显的社会主义色彩。

康有为没有用过“社会主义”这个词，但梁启超早就把他的哲学定义为“社会主义派哲学”。毫无疑问，从毛泽东对《大同书》的推崇来看，康有为对未来社会的设计，深刻地影响了中国近代以来社会主义的“中国化”特色。

社会主义思潮在20世纪初就已经传入中国，而关心社会问题之解决的梁漱溟也很早就接触到了社会主义思潮。他在回顾自己的思想历程时说过，大约是在1911年底或1912年初，偶然从他们家的旧书堆中找到了幸德秋水所著的《社会主义之神髓》一书。此书并没有太引起他的兴味，不过对于书中反对私有财产的话，他倒是十分关注。他觉得社会上的许多问题，仅靠哲学家、道德家和宗教家是无法解决的，需要所有人的共同努力。按他当时的认知，避免人与人之间的生存竞争，就是社会主义的核心要素。由此可见，梁漱溟最初也是从平等的角度来接受社会主义的。“我当时对于社会主义所知甚少，却十分热心。其所以热心，便是认定财产私有为社会一切痛苦与罪恶之源，而不可忍地反对它。理由如上所说亦无深奥，却全是径自己思考而得。是年冬，曾撰成《社会主义粹言》一种（内容分十节，不过万二三千字），自己写于腊纸，油印数十本赠人。”[①]

① 梁漱溟：《我的自学小史》，《梁漱溟全集》第二卷，山东人民出版社2005年版，第691页。

1917 年下半年，应蔡元培先生邀请，梁漱溟赴北大任教，其时间约略与陈独秀同时。据梁漱溟的回忆，他与李大钊的关系比较亲密，因此也对社会主义思潮有了更多的了解。

梁漱溟反对“五四”新文化运动对于儒家文化的片面否定态度，但在《文化及其哲学》中，他并没有拒斥西方思想，尤其从社会本位出发批评个人本位思想的立场同样来自克鲁泡特金。克鲁泡特金的互助论思想按当时人的归纳，属于社会主义思潮中的重要一支，深刻地影响了李大钊等人。比如李大钊在《我的马克思主义观》中指出，马克思所讲的人类历史，就是互助的历史，没有阶级竞争的历史，在阶级社会向无阶级社会过渡的时代，即社会主义时代，应该注意伦理感化和人道的运动，要达到这些目的不能仅仅依靠物质的丰富。虽然我们难以直接找到梁漱溟所受李大钊思想影响的文献依据，但在对未来社会的设想上，梁漱溟的倾向与李大钊十分接近，而注重伦理和人道也是梁漱溟社会主义论说的重要特征。

李大钊和梁漱溟对国家未来的预测也比较一致。终其一生，梁漱溟都在追求稳定统一国家建立，不过，他始终将国家视为由阶级社会转向无阶级社会的过渡阶段，这样的国家与西方的民族国家应有所不同。在 1932 年的《中国之地方自治问题》一文中，梁漱溟就期待从乡村起手，以中国文化的精神建设一个新的国家，这样的国家必然是与西方现代国家所不同的。“人类历史在今日以前，国家与社会分而为二；在今日以后，国家与社会将合而为一。好像社会生长发育，国家自然没有了；名为社会尚属合适，名为国家不甚相符。一切国家均将如此，而中国独先成功。这是人类历史演进自然的变化，将来事实归趋必是如此，而在目前却是一个最新的理想。”[①] 现代民族国家所带有的内外不一、经济至上的特性是梁漱溟所要规避的，也就是说儒家对于中国新的国家形态是有其独特的定位的。

1949 年中华人民共和国成立，钱穆、牟宗三、唐君毅等新儒家的代表人物离开大陆，在香港和台湾栖身。由于新中国在意识形态的建构中继续了反帝反封建的核心观念，因此儒家思想作为封建制度的思想基础，也受到了较为激烈的批判，由此社会主义与儒家之间呈现出尖锐的对立。在这样的形势下，港台新儒家基于文化保守主义的立场，对社会主义思潮持否定态度。而留在大陆的新儒家群体，则感受到新的国家在国际地位、主权独立、经济建设和社会秩序等方面的进步，从而试图从文化的角度来理解儒家与社会主义之间的关系。其中，熊十力和梁漱溟是最有理论创造力的代表。

对于梁漱溟而言，大一统的稳定国家的建立，社会保障和群众路线所激发的民众积极性和认同感，让他觉得这

① 梁漱溟：《中国之地方自治问题》，《梁漱溟全集》第五卷，山东人民出版社2005年版，第346页。

个新的国家十分接近于其建立国家的目标，并希望由此向未来无国家社会转变。在新中国成立二十年之后，梁漱溟对这个国家又有了新的思考，这些思考与1950年代初对阶级斗争的接受并赞美人民创造性的逻辑有了一些变化，他更多地回归自己的伦理本位的社会来理解中国共产党所建立的共和国。换句话说，这个时期他给自己定下的使命不仅是要解释社会主义为什么在中国取得成功，而且还要解释为什么以儒家思想为内在特质的中国的社会主义会是最为成功的社会主义。于是，他决定写《中国——理性之国》一书。

《中国——理性之国》起笔于一个特殊的时期，即"文化大革命"发动之后的1967年。在缺乏必要参考书籍的环境下，梁漱溟只能大量引用当时的《参考消息》来证明他的结论，这在客观上会导致该书的许多结论并不具有说服力。该书大约完成于1970年，直到那时，如此缺少资料的局面也没有改变。[①] 毫无疑问，该书在多大程度上能够代表梁漱溟的思想的确需要评估，但本章还是从他思想连续性的一面来理解其价值。

---

① 当我于2016年10月21日在中国科学院自然科学史研究室就此主题的演讲结束之后，梁钦宁先生认为该书并不能代表梁漱溟的真实思想。但在我看来，梁漱溟虽然在建国之后屡受冲击，但其政治地位始终没有被剥夺，言论空间和行动自由也没有受到限制，因此，我们没有理由认为这个作品是受政治压力的作品。更为重要的是，该书所展现的问题逻辑与梁漱溟的思想发展有其连续性。

梁漱溟本人是十分重视这本书的。在写作过程中，因为遇到抄家，使他觉得生活失去了意义，因此，1968年7月13日写信给周恩来并转毛主席，说虽然被斥为伪君子，但他依然认为他的研究与无产阶级革命运动有关。“我一向深有味乎老中国文化之特殊（1950年我初到京即曾向主席提议设立中国文化研究所或世界文化比较研究所，总理当时曾嘱我提出计划及预算）。今者，世界无产阶级革命不发自无产阶级夙有根基之欧美资本主义先进国家，一度在俄国以列宁领导，虽有十月革命之胜利，在斯大林领导下进行了社会主义建设，不意现在出现修正主义，已全然背叛革命；唯独我中国在主席领导下四十几年来走出一条无产阶级革命的中国道路，建立起世界革命的旗帜，俨然世界革命的领导力量。此中因果关系能说与老中国文化无关乎？”[①] 可见梁漱溟一直在研究中国文化与社会主义革命之间的关系，因为失去了所有的研究资料和安静的环境，所以希望能有一个有利于研究的条件。即使把特殊的政治环境考虑在内，梁漱溟先生还是十分看重这本书的。他在1972年想通过章士钊将《中国——理性之国》一书送呈毛泽东，其中附了一封给毛泽东的信，信里说：“因恳行严先生代为转致。不求发表，但得免于毁弃，则此中所申论者终有大白于世之一日。拙稿大旨在申论今日中

① 梁培宽编注：《梁漱溟往来书信集》上卷，上海人民出版社2017年版，第90页。

国所以巍然称为无产阶级世界革命先导者，马列主义只为起着伟大启发作用的外因，因其根柢力量固在中国民族自身。中国有数千年传统的深厚文化，养成其民族性格（社会多数人心理倾向）不同于西欧和东欧也。倘得主席余暇稍加批阅，何幸如之。”[①]而且其间还有一个细节值得重视，梁漱溟把托章士钊送呈的书又拿回来，理由是需要“取回装订”，可能是他觉得装订不够完善，足见其隆重的态度。

第一节　社会主义缘何在中国取得成功

在《中国——理性之国》的著者告白中，梁漱溟说写作此书是为了解答两个疑问：第一：为什么不能指望那些发达资本主义国家担负起为人类开出共产主义前途这一使命。在梁漱溟的日记中，梁漱溟在这个阶段读了包括马克思、恩格斯和列宁的著作，尤其是列宁的《怎么办》对他启发很大。或许受到列宁提出的落后地区会率先实现社会主义的观点影响，梁漱溟坚信建成社会主义的使命历史地落在工业落后、无产阶级出现既晚且不够强大的中国身上。第二，为什么中国长期停留在封建阶段而难以突破。如果说第一个问题是用来解释现实，那么第二个问题则是要分析、理解历史。梁漱溟对于马克思的社会发展史理论持有

① 梁培宽编注：《梁漱溟往来书信集》上卷，上海人民出版社2017年版，第119页。

限支持态度，但同时又强调中国是一个“变例”。即在总体承认社会发展有其规律的前提下，认为中国有更多的变化之处，所以不能强行套用。“说它为变例，即是承认以希腊罗马奴隶社会作始，经过欧洲中古封建社会，转变出近代资本社会的那西洋社会发展之路为典型常态，两相对待而说。周孔既种其因，至秦汉而收其果。秦汉后，大体上便入于时进时退盘旋往复的状态，表见为阶级不固定成形的一个阶级社会，垂二千余年。它自身势将无从开出产业革命资本主义社会之新局，直到十九世纪西方侵略势力东来乃突然打破它所沉闷少变得社会生活，结束其陈陈相因的历史——引发其前所未有的伟大革命，结束其社会发展上的变态。”[①] 马克思的亚细亚生产方式的论述为他的“变例”提供了经典的依据。梁漱溟在写于 1974 年的《试论中国社会的历史发展属于马克思所谓亚洲社会生产方式》一文中，一方面强调社会发展的五阶段论不如分为阶级形成之前、阶级发达时期和阶级消弭这三个阶段，另外特别引用马克思在《政治经济学批判》中对于亚细亚生产方式的讨论，认为这与他在《东西文化及其哲学》一书中将中国和印度视为未来文化的早熟品有接近之处，所以不能简单地套用五阶段论。梁漱溟引述马克思《政治经济学批判》序言中的话来申论之。马克思的原话是这样的：大体说来，

① 梁漱溟：《中国——理性之国》，《梁漱溟全集》第四卷，山东人民出版社 2005 年版，第 420 页。

亚洲的生产方式、古代生产方式、封建生产方式以及现代资产阶级生产方式，可以看成为社会经济形态发展中的几个演进时代（据莫斯科外文局版本）。梁漱溟说，这段话中的“古代生产方式”说的是西方古代，下接中世封建制，再下接近代以至于今的资本主义生产方式，那么“亚洲生产方式”所指为何，不就是以中国和印度为代表的与欧洲不同的生产方式吗？[①]如此一来，梁漱溟又开始恢复了他对中国社会特殊性的认识。1949年以来，梁漱溟的转变是如何把中国社会的发展纳入常态性的规律中，这个时期，他反而认识中国社会可能更为接近未来的理想社会，即儒家礼乐文明是未来社会的可能形态，从这个意义上讲，西方社会反而可以被视为是一种社会发展的“变态”。

因此，梁漱溟开始证明富有“理性”精神的中国人为何与无产阶级革命精神更为契合。

在书的开头，梁漱溟再一次强调了他的由身到心的历史发展理论，并将他所处的时代定位于第一期文化（身的文化）向第二期文化（心的文化）的转折期。既然处于历史转折关头，社会结构的原则就要发生相应的转变，要由如何对物（自然界）转变为如何对人的问题。在这样的转折点上，中国文化迎来了它的历史机遇。与以前所强调的中国文化伦理本位和职业分途的两大特点所不同的

① 参见梁漱溟：《试论中国社会的历史发展属于马克思所谓亚洲社会生产方式》，《梁漱溟全集》第七卷，山东人民出版社2005年版，第266—267页。

是，在《中国——理性之国》中，他对中国特殊性认识的关注点转移到“汉族为何如此拓大”、“进入封建早，而脱出封建独迟”这样一些“社会发展史”的问题。

毛泽东在延安时期说过一句话：“今天的中国是历史的中国的一个发展”。借助这一句话，梁漱溟试图从中国自身发展的逻辑来讨论中国的社会主义运动及其成功的可能性。这样的努力并非个例，日本学者沟口雄三等人就对梁漱溟的这个努力有所呼应。沟口雄三认为中国的社会主义运动固然受到马克思主义和苏联的影响，但“正是在中国强有力伸展着的相互扶助的社会网络、生活伦理以及政治理念，才是中国的所谓社会主义革命的基础。就是说，社会主义机制对于中国来讲，它不是什么外来的东西，而是土生土长之物，马克思主义不过是在使这些土生土长之物得以理论化的过程中，或在所谓阶级斗争理论指导下进行革命实践的过程中，起了极大刺激作用的媒介而已”①。沟口先生沿袭了在“中国发现历史”的方法，努力从中国自身的文化传统中寻找社会主义在中国发展的内在动力，而这就是梁漱溟在《中国——理性之国》中最为关键的发现。

与梁漱溟的所有著作一样，在《中国——理性之国》中，他也会经常重复在其他著作里已经讨论过的观点。比如，他将中国共产党所领导的中国革命称为自觉地超越了

① 〔日〕沟口雄三：《中国的冲击》，王瑞根译，生活·读书·新知三联书店2011年版，第124页。

人的自然身体的“心的革命”。从中国近代以来的革命史出发，梁漱溟肯定了从马克思以来的革命领导人之所以能脱离自己的阶级立场而推动社会主义运动，主要是出于人心之伟大表现超越了人身的狭小。[①]

由身体向人心的转折是人类创造力的体现。因此，中国的社会主义是以人为创造代替自然发展。这种创造力被用来解释为什么落后国家能够“率先”实现社会主义。按照社会发展史理论，社会主义社会出现的前提是资本主义生产的大发展。“但现在俄国和中国却不然，都是把社会主义提前来搞，尤其中国是大大提前。于是乎，倒转来自觉居先，以知识分子的自觉去启发社会基层可能自发而未发的斗争力量，升入自觉以发出来。有步骤地从小小局部（乡村）入手向着广大国土一步一步前进，从极其简陋的现实向着极其高远的理想一步一步前进。”[②]这样的论说与主流的意识形态的中国式的跨越发展同调。梁漱溟借助列宁的《怎么办》一文，认为工人阶级先是自发地为自己的利益而斗争，然而这只是自觉性的萌芽，要将这种自发性的斗争转变为意识到自己所担负的推翻本国专制制度以至世界革命的历史使命，则需要知识阶层，特别是革命领袖的启发。有趣的是，他讨论的问题虽然事关无产阶

① 参见梁漱溟：《中国——理性之国》，《梁漱溟全集》第四卷，山东人民出版社2005年版，第234页。

② 同上书，第254页。

级革命，但论证的逻辑却转回乡村建设时期，他显然又重拾政教合一的模型，所不同的是乡村建设时期他提倡知识分子下乡启发农民，而在这个时期则认为知识分子应该在教育和社会建设等各方面发挥作用。

因为传统中国的文化更为倾向于“心”的文化，所以早熟的文明迎来了新的历史机遇。梁漱溟认为在社会主义阵营的国家中，中国革命家有着比苏联革命家更能理解马克思理想的思想基础。

中国革命从一开始就具有与其他无产阶级革命所不同的特点。梁漱溟将孙中山视为现代中国革命的起点，随后由以社会主义为目标的中国共产党的革命与之相衔接。中国革命的形势和任务复杂多变，其革命力量的发展有其独特性。第一个特点是“非无产阶级的无产阶级化”。意思是说，由于无产阶级队伍的弱小，需要知识分子自觉地去启发自发的斗争力量，这样知识分子要站在无产阶级的立场上，完成自己的“无产阶级化”。第二个特点是通过武装斗争的手段和区分敌我的方法，来根治农民和知识分子身上散漫自由的痼疾，以建立团体意识和集体主义的精神。梁漱溟认为武装斗争是改造农民和知识分子的有效途径。“你死我活的斗争，恰是根治农民和知识分子一向散漫自由的妙药。加以革命时期特殊的军事共产主义供给制生活，人人与集体相依为命，一息也离不开。一切为集体生存及其前途开展所必须的组织纪律性就会培养出来。”[①]因此，划分敌我的斗争固然是收合团聚的最好办法，但要建立稳固的团体，还是依靠打通人心。通过为他人着想的办法，激发并建立起一种互相信任的关系。

我们知道，梁漱溟乡村建设的努力方向是建构超越血缘的新的团体生活，但始终未能有所成就。从共产党组织中，他看到了所期待的团体生活的新形态，即“它是从那些有着共同理想和意志行动的人们自觉结合以成。人类最初的集团是在血缘地缘上形成，其后杂以人事种种关系，几经分合，难可究诘”。在他看来，这种新型的团体本乎心，也就是一种无私的情感，由此，可以承担走向超国家未来的使命。[②]

在东北、西南等地的考察过程，梁漱溟看到了“透出人心”的积极因素，但也发现了土改中的一些问题。比如方式比较强制等，特别是在农业合作化的过程中对农民利益的忽视，令他要为争取农民的地位而不惜得罪毛泽东。但这些问题并没有动摇他对社会主义未来的信心。或许在有的情况下，他把期待看成了事实，他从1949年后中国所取得的成就中，看到了人心在焕发出创造力之后所能产生的巨大能量。而在这之中，他又特别重视伟大人物在历史发展中的作用。梁漱溟将马克思、恩格斯这样的革命

① 梁漱溟：《中国——理性之国》，《梁漱溟全集》第四卷，山东人民出版社2005年版，第257页。

② 参见上书，第269页。

导师称为“仁且智”者，认为这些人既具有宇宙生命体验又有科学的精神，尤其是能启发群众形成共识。[①] 而在中国，这个伟大人物就是毛泽东。

在梁漱溟看来，毛泽东的成功是缘于吸收了许多人的思想成果，并在一生的大部分时间中都能坚持联系群众。更为关键的是毛泽东能够认识到老中国的客观背景却又能有所创造。“中国革命的特殊道路固处于毛主席的创造；然此创造却正是巧妙地根据了以特殊的老中国社会为其背景的客观环境条件而创造出来。”[②]

这段话需要我们特别留意。虽然梁漱溟始终没有放弃他对老中国的理解，但是将中国共产党的成功与老中国的社会背景相结合却是一种新的认识。经过这样一种转折，他将中国的社会主义运动与儒家伦理建立起一种联系，而关联点就在“伦理本位”。在他看来，伦理本位既不同于个人本位也不同于集体本位，由此，人就不会被特定的利益所束缚，反而能体现出以他人为重的伦理情谊。通过各种关系义务，全社会的人互相之间负有其相当的义务。如此这般，伦理本位可以克服任何出发点的本位主义，确立起个人和集体之间的平衡。这与无产阶级的情感存在契合之处。“无产阶级革命在中国之能够取得如此

① 参见梁漱溟：《中国——理性之国》，《梁漱溟全集》第四卷，山东人民出版社2005年版，第292页。

② 同上书，第324页。

成就实与此莫大关系。”[1] 随后，梁漱溟干脆直接说周孔教化精神与资本主义精神相矛盾，却与无产阶级革命精神相通。“三千年来的社会生活遂以敦笃伦理情谊的周孔教化代替了宗教（如在他方社会者）。凡我民族社会所由以拓大而且融通若一体者，皆内心得所开启而不为身体所掩盖之明效。其精神颇与个人本位自我中心之资本主义社会相剌谬，而与无产阶级革命精神却可接近相通。”[2]

我们可以重新梳理一下梁漱溟的思想逻辑。他最初提出伦理本位是要反对阶级斗争的理论。中华人民共和国成立后，在矛盾论思想的影响下，他将阶级斗争视为促进合作的力量。到1970年代，在将无产阶级定位于历史上最后一个阶级之后，他认为无产阶级具有超越血缘和地缘的特性，这样，无产阶级适可以达成一种基于正义的普遍性。“阶级斗争信非中国人所习知，而剥削非正义，反剥削为正义，则是理解的。从阶级斗争以团结一切争取正义的人们，而走向于‘中国一人，天下一家’，解救正在受难的中国人民和世界人民，这就是四十多年前中国人以知识青年为先锋，依然自勉于无产阶级的历史使命，不断地改造客观世界之中改造自己，又从改造自己来达成改造客观世界的任务。”[3] 由反对

① 梁漱溟：《中国——理性之国》，《梁漱溟全集》第四卷，山东人民出版社2005年版，第340页。

② 同上书，第344页。

③ 同上书，第345页。

阶级斗争理论到建立超阶级的无产阶级理论，梁漱溟思想的内在逻辑的确并没有发生根本的迁移，而是自洽和完整的。

因此，这种既不是个人本位也不是集体本位的伦理本位，成为社会主义意识的代名词。中国文化中的互相以对方为重的价值观念，在注重团体利益的时候，会照顾到个人利益，在注重个人利益的时候，也不会忘记团体的使命。“个人本位的权利思想，集体本位的权力思想，均属旧文化，已成为过去之事。在协作共营的新社会生活中，凡相关之两方彼此都要互相以对方为重，自觉者觉此，自律者律此。而根于此伦理情谊以形著于社会上的种种风尚习俗，便是人们行为的准则，而为社会秩序、劳动纪律之所寄。这样以社会礼俗取代国家法律，乃体现了人类由社会而国家之新局。”[①] 如果把个人本位看作是西方社会制度的基础的话，那么集体本

① 梁漱溟：《中国——理性之国》，《梁漱溟全集》第四卷，山东人民出版社2005年版，第473页。这样的社会主义观念在梁漱溟那里是始终如一的。比如在《东西文化及其哲学》一书中，他就反对《礼运》篇中的大同小康说，主要是认为其中有关于利害的算计。同样他也反对康有为的《大同书》，认为根本没有得到孔子思想的真意。“晚世所谓今文家者如康长素之流，其思想乃全在此。他所作的《大同书》替未来世界作种种打算，去想象一个美满的境界；他们一般人奉为至宝，艳称不胜，我只觉其鄙而已矣！他们根本不曾得到孔家的意思，满腹贪羡之私情，而见解与墨子、西洋同其浅薄。”（见《梁漱溟全集》第一卷，山东人民出版社2005年版，第463页。）我们知道毛泽东是十分推崇《大同书》的，而中国的社会主义背后是一个追求富强和独立的诉求，这与梁漱溟将社会主义作为儒家人性之提升的现实化是不同的，所以梁漱溟十分推崇克鲁泡特金的无政府主义的社会主义，尤其是肯定其将无私的情感视为人类本能的看法，他认为这是逼近孔子的王道思想的（参见同书，第512页）。

位则是苏联社会主义制度的价值基础。很显然，这个时候梁漱溟的思考又返回到他“两条走不通的路”的结论中。早在1930年代他就认为欧洲的自由民主社会制度和苏联的阶级斗争方式在中国是走不通的。在1960年代末期，梁漱溟发现伦理本位恰好是介于集体本位和个人本位之间的平衡点上。他说：“集体本位主义也好，个人本位主义也好，表面似乎大相反，而实则其站在各自一方主张其权利而责对方以义务，正无不同，即同样是从身出发的。非是从心发出来的；同样失之一偏，失之不通不活，不能如根本人心情理之可以在必要时随有轩轾，伸缩自如。从人类社会发展史前途来看，身的时代即将过去，心的时代就要到来，新社会其必非个人本位固不待言，亦非什么集体本位，而是很自然地要走向伦理本位之路。”[①] 如果说李鸿章、张之洞和康有为看到了当时身处“三千年未有之大变局”之际是一种大政治家和大思想家的敏锐的话，那么将1960年代视为身的时代向心的时代的转变，则是与世界隔绝之后梁漱溟的“错觉”。

同样，梁漱溟在乡村建设时期所提炼出的“理性”概念也在《中国——理性之国》一书中被激活，它用来解释中国为何更适合成为无产阶级革命领头羊。正如梁漱溟所反复阐述的，理性是一种伦理情谊，它促使人们在分

① 梁漱溟：《中国——理性之国》，《梁漱溟全集》第四卷，山东人民出版社2005年版，第462页。

析判断事物的时候，超越理智的功利算计和生存本能，形成理解宇宙生命为一体的价值倾向。这样，“理性”概念正可作为超阶级意识存在的依据，成为“心”的时代的思想基础。在这个问题上，梁漱溟发展出这样一套逻辑：既然社会主义革命是高度理性的、超越了个人主义和功利主义的，那么中国文化的理性特质恰好在社会主义阶段可以发挥出其独特的优势。在他看来，苏联以及东欧的社会主义国家固然比中国更早取得了革命的成功，但它们作为欧洲文化的一部分，其文化是理智偏胜，由此，即使它们率先建立起社会主义制度，却由于没有超越性的价值所引领，因此这些国家很快便进入了修正主义或出现了资本主义复辟。

既然理性概念被激活，与理性概念息息相关的宗教意识也被引入未来社会的思考中。在梁漱溟的早期思想中，中国文化理性早启导致没有建立起神性宗教，也就没有产生团体生活的观念。而在《中国——理性之国》一书中，他指出中国文化的理性倾向，导致文化传统中以礼乐取代宗教的倾向，而这样的态度在对待社会和个人的关系上，较之宗教救世观念更为可靠。宗教“多少解救了人们的自小自私，惜乎其先贬低了人生，隐伏很大的毒害作用，其为解救不免是欺骗性的解救”[①]。也就是说宗教所解

① 梁漱溟：《中国——理性之国》，《梁漱溟全集》第四卷，山东人民出版社2005年版，第360页。

救的是信徒，而理性关照的是所有人，乃至整个宇宙。梁漱溟解释说，在对待宇宙大自然的现象时，“理性”让中国人带有无神论、唯物论的倾向。而“理性”表现在人生社会问题上，则导向民主主义和社会主义。总而言之，理性开启了中国文化中的下列倾向：一，天下主义的观念普泛地流行于不同学派中，人类社会由小向大的发展，必须破除自私于内，敌视于外的狭隘意识；二，对于人生社会普遍抱有理想，比如对于大同社会的构想；三，反对以力服人，对人类有一视同仁之气度；四，不存在固定的阶级，反对财富集中。① 因为理性早熟，所以中国人强调身心合一，人与自然的和谐，而不主张征服自然，采取殖民和剥削的方式积累资本。在财产的支配原则上也倾向于家族共财，如此都决定了中国不可能走上资本主义道路。所以，梁漱溟比当时许多政治家都乐观，他并不担心中国存在资本主义萌芽或者中国可能会走上资本主义道路；由此，他对于“反修防修”为目标的政治运动也不以为然。

第二节 礼乐社会：中国成为世界革命的领导者

梁漱溟说，在国家主义的时代，中国人那种超越狭隘

① 梁漱溟：《中国——理性之国》，《梁漱溟全集》第四卷，山东人民出版社2005年版，第371页。

的自私心态的理性态度遭到强权逻辑讥讽，饱受侵略和掠夺。在社会主义行将取代资本主义的当下，国家分立对抗的局面将被世界大同的理念所取代。“国家至上主义曾有利于图存于竞争之世；反之，缺乏国家观念辄难免处于不利地位。然人类历史发展身的（自发的）时代且将为心的（自觉的）时代所接替。国家虽大，却是有局限的，而天下则不是。中国人有其理性早启的历史背景，绌于彼，优于此，在近代争强称霸为落后者，在今天破私立公却要领先，不其然乎？”[①]因此，梁漱溟乐观地预测，伦理本位的社会即将取代利益本位的文化，礼乐大兴的时期要到了。[②]

可能梁漱溟也对他自己的理论创构感到不可思议，或

① 梁漱溟：《中国——理性之国》，《梁漱溟全集》第四卷，山东人民出版社2005年版，第443页。

② 类似的说法，梁漱溟在《人心与人生》一书中也有大体类似的说法：“处在资本主义下的社会人生是个人本位的；人们各自为谋而生活，则分别计较利害得失的狭小心理势必占上风，意识不免时时要抑制本能冲动，其人与人之间的感情是很薄的（如《共产党宣言》中之所指摘）。同时，作为阶级统治的国家机不能舍离刑赏以为治(此不异以对付犬马者对人)，处于威胁利诱之下的人们（革命的人们除外）心情缺乏高致，事属难怪。——此即人类即将过去的精神面貌。转进于社会主义的社会人生是社会本位的；大家过着彼此协作共营的生活，对付自然界事物固必计较利害得失，却不用之于人于人之间；在人与人之间正要以融和忘和的感情取代了分别计较之心（如所谓‘人不独亲其亲，子其子’）。同时阶级既泯，国家消亡，刑赏无所用而必定大兴礼乐教化，从人们性情根本处入手，陶养涵育一片天机活泼而和乐恬谧的心理，彼此顾恤、融洽无间。”见《梁漱溟全集》第三卷，山东人民出版社2005年版，第607页。

许是受当时狂热的政治气氛的影响，他为自己能亲眼看到这样的理想社会的实现而感到兴奋。“奇在社会主义世界革命的领导责任，今天竟尔独特地归到中国人身上，而前之首先发难者和一时号为社会主义的许多国家，标榜无产阶级的许多政党，几乎举皆堕落背叛以去，事实证明：深陷自私窠臼辗转难以自拔者大有人在，但恰恰不是中国人！快在世运转变之急，使我竟及身得见之，更不须多等待！”①

梁漱溟坚信世界历史的中国时刻已经到来，中国已经成为世界历史的领头羊。他解释道，社会主义革命虽然首发于俄国，但苏联在倒退，中国在前进。“中国革命的成功，亦是通过历史发展变化规律，由毛主席领导共产党大大发挥了人类主观能动性又一伟大事例。特以无产阶级基础势力在这里特见不足，改从发动农民入手，其事便超越了马克思夙来所讲的无产阶级革命那个规律条条，而全靠极灵活地运用马克思学说和列宁主义，步步看着都在创造性地向前进行，对于前途虽抱有信心，却实难一一有其预见。其成功也，盖缘于四面八方演来的世界形势，动向与民族历史夙有储备的各种条件适然汇合而成。种种条件中最主要的就是人——从毛主席这个人以致其领导的

① 梁漱溟：《中国——理性之国》，《梁漱溟全集》第四卷，山东人民出版社2005年版，第443页。

广大人民群众。”[①] 在这个时期，可能是受他一贯的贤能政治倾向的影响，或者是被全社会的领袖崇拜气氛所感染，梁漱溟对人类创造力的肯定投射到政治家个人的创造性和灵活性上，他对贤能政治的理解也由依靠知识分子启发农民变成由政治领袖来引领广大人民群众。

梁漱溟将他对中国社会主义的成功综合到他对中国历史独特性的理解上，礼乐文明的特色构成了后来居上的可能，这样，他对中国发展独特道路的探索也转变为对于中国超越西方的跨越式发展的“文化自信”。在未来的理想社会的建构中，儒家的礼乐精神提供了最为丰富的思想和实践的指南。

礼乐秩序所要取代的是西方在近代以来所形成的个人权利本位及其与这种功利主义精神相配套的政治法律

---

① 梁漱溟：《中国——理性之国》，《梁漱溟全集》第四卷，山东人民出版社2005年版，第450页。在丁耘看来梁漱溟的《中国——理性之国》一书，是从儒家道统的高度来接纳社会主义的一种尝试：“正是通过他的晚年‘心学’，梁漱溟将哪怕脱离无产阶级存在的、大公无私的‘无产阶级精神’与伦理本位主义紧密地联系起来，从而在新时代里完成了他对伦理本位主义也就是中华文明的最高肯定。他用这个自认为中华文明精粹的东西贯通了中国的过去、现在和未来，贯穿了儒家和社会主义——共产主义、概括了中西文明——政治之高下。传统儒家能够克服狭隘阶级立场是伦理本位主义中为对方(包括被统治者)设身处地着想的因素(‘无产阶级精神既有其高于我们传统习俗之处，同时又和我们固有精神初不相远，中国人很容易学得来。’)，中国走社会主义而非资本主义道路是因为伦理本位主义中重视义务而非权利的要素，中国将来能够率先进入共产主义，则是因为伦理本位主义中的人心向上因素。”见丁耘：《大陆新儒家与儒家社会主义——以梁漱溟为例》，《文化纵横》2012年第2期。

制度。梁漱溟认为礼乐秩序的基础是“心为身主，以身从心”，而西方的政治秩序是心随身动，心未能主宰身。西方文化过于强调身体本能又加上其启蒙意识的强化，导致社会丑恶现象迭出，人心浅薄狭小。“对于上说的社会问题，在一般阶级国家唯知用刑罚来对付。其不解决问题有不待言。社会主义国家在无产阶级专政下，一时仍不能不用刑罚制裁坏分子，而首要致力则在人们的思想改造，以世界革命的远大志愿提高人们的意识，而且言教加之身教，形著社会新风尚，好事涌现，好人辈出，殊非往昔任何社会所可比。然必对于社会人生更从情感方面着手有其高尚完善的礼乐设施，乃得从容升进于共产主义社会而刑措不用。”[①] 这是典型的儒家式的社会秩序建构方案，要建立理想的社会，入手处是修身，由这样的人组成的社会，必然会养成良风美俗。最终达到礼乐社会，从“以他人为重”的伦理情谊出发，以礼俗来代替法律刑罚。这就是垂拱而治的理想境界了。

在梁漱溟看来，无论是个人本位的文化还是集体本位的文化，在自觉“以对方为重”，并在行为中加以“自律”的新文明形态中已经成为过去时，属于旧文化。在未来社会中，人们自觉自律的行为固然还需要条文约束，但这些条例的产生并不背离群众的意愿，而是“准于人情

① 梁漱溟：《中国——理性之国》，《梁漱溟全集》第四卷，山东人民出版社2005年版，第471—472页。

事理形著之榜样标的为群众所公认者；这就是礼俗，不是法律”[①]。所以，在梁漱溟看来，礼俗固然是道德意识的外在化，而这种礼俗也有助于道德实践，任何理想的道德价值，都要通过礼乐活动来呈现。

从某种意义上看，这类似于儒家思想与马克思早期思想的一种结合体，在这样的观念下，梁漱溟更多地从精神生命的转变来理解社会的发展，而这种趋势本身也是落后国家实现社会主义这样的注重精神性创造的延续。值得注意的是经典马克思主义理论中所强调的物质要素、生产力要素却隐而不见。唐文明从梁漱溟的思想方法角度来理解梁漱溟这样的思维逻辑："理性引导人类迈向精神自由的新领域、新境界，意味着生命进化的一个更高阶段。在《人心与人生》中，梁漱溟将这个阶段与社会主义、共产主义的思想联系起来了。在他看来，社会主义、共产主义试图消除阶级和国家，达到世界大同的理想，实际上就是要实现宇宙大生命的真正'大通'。他和马克思一样在一个宏大历史观念的笼罩下谈论人类社会的演变和人类的进化，但是，如果说马克思更注重物质因素在历史进化中的作用的话，那么，梁漱溟则更注重精神因素在历史进化中的作用。这也说明，梁漱溟是站在他自己的历史观念的立场上，或者也可以说是站在儒家思想的立场上来认同

① 梁漱溟：《中国——理性之国》，《梁漱溟全集》第四卷，山东人民出版社2005年版，第474页。

马克思主义的社会理想的。”[1]

所以，要定位梁漱溟1949年之后思想的立场归属是十分困难的。首先，他并不是站在儒家的立场上将社会主义视为“外来物”而加以拒绝，也不是像熊十力那样通过对易经和《周官》等经典的解释将中国的社会主义运动看作是自身历史趋势的延续，而是积极地将他自己对中国社会历史和文化的独特理解与马克思主义的社会发展史理论进行融合。由此，梁漱溟的思想倾向并不能化约为“文化保守主义、新保守主义、政治自由（或保守）主义、儒家资本主义或儒化马克思主义来视之界之”[2]。在他看来，他之所以提倡儒家文化，不是要将其作为现代化的批评性因素，也不是要建立一种革命的反对力量（尽管他很长时间内反对暴力革命）。他的新儒学论说可以被看作是革命话语的一种。王远义将梁漱溟的看法综合为：“在此革命的世纪中，传统的文化，要在革命的进程中，显露实现它待长待成的价值；现代化的革命与道途，要俟素朴未琢的传统文化来指引，相辅并长、并行；置于第二路向（即中国文化路向——引者注）的文化开展，则早已为‘过去’

① 唐文明：《“根本智”与“后得智”——梁漱溟思想中的世界历史观念》，载氏著：《近忧文化政治与中国的未来》，华东师范大学出版社2010年版，第61页。

② 王远义：《儒学与马克思主义——析论梁漱溟的历史观》，杨贞德主编：《当代儒学与西方文化：历史篇》，“中研院”中国文哲研究所2004年版，第151页。

（历史）所决定，在那儿等待传统文化与现代化的‘未来’融合结果，而今日的中国，逐渐地开步向预定的道路前行了。在这社会狐疑革命的时程中与路程上，‘传统的’因和现代转折结合，由是而成长了、现代化了，‘现代的’经由与传统互补融合，终而修正了、再传统化了，然后两相渗释，化成出人类新的文化路向来。”[①] 因为对传统的经典缺乏系统的训练，梁漱溟的“革命”论说并不是汤武革命精神的阐发，其根本的精神或来自于近代以来的社会主义革命。他所坚信的中国将要成为世界革命引领者的理由虽然部分来自儒家的礼乐精神，但更为基本的还是近代知识阶层对西方既模仿又批评的价值困境，而其理想主义的部分甚至可以从孙中山的“突驾”说和毛泽东“赶英超美”这样的政治宏图中找到根源，因此梁漱溟十分自信地宣称：“中国结束其社会发展变态而开出新局面就只能临到二十世纪俄国‘十月革命’之后，全世界进入人类大合流的现代，依靠其夙长于理性自觉奋起它从所未有的革命，向着消除阶级的共产社会前途大踏步迈进；在人类社会发展史上今天它行将从著名的落后国一转而为全世界的先导，已是形势昭然。”[②]

① 王远义：《儒学与马克思主义——析论梁漱溟的历史观》，杨贞德主编：《当代儒学与西方文化：历史篇》，“中研院”中国文哲研究所2004年版，第155页。

② 梁漱溟：《中国——理性之国》，《梁漱溟全集》第四卷，山东人民出版社2005年版，第421页。

余论：吾生有涯愿无尽

梁漱溟晚年在接受北京大学哲学系的王宗昱访谈时说，“其实我一直是持佛家的思想”，“其实我内心仍然是持佛家精神，并没有变”。[1]当人们将他视为新儒学的开山之时，他的内心却是在儒佛异同中“彷徨”。

仿佛一切都是在循环，梁漱溟早年信佛，因不满“五四”新文化运动对儒家彻底的否定态度，而要为孔子“出气”，但经历种种历史变迁之后，他却强调自己内心所持为“佛家精神”。这其实只是梁漱溟思想矛盾的一个侧面而已。

在梁漱溟历史观上，存在着多元论和进步论之间的矛盾和混杂，多元论是后发国家保守主义者的情感性立场，

① 王宗昱：《是儒家，还是佛家？——访梁漱溟先生》，深圳大学国学研究所主编：《中国文化与中国哲学》，东方出版社1986年版，第560页。

因为所要追赶或超越的是文化上异质的“西方”，所以会倾向于反对将西方的发展道路视为唯一的路径，进而批判进步史观。但是如果没有进步论的历史观，在国家竞争时代，便无法找到凝聚国民精神的动力。梁漱溟一直在证明中国和西方的不同，但内心深处却始终要在中西之间争个高低。

梁漱溟坚信制度要建立在文化习俗之上，只有制度和文化之间建立起有机的关联，制度的有效性才能得到保证。但梁漱溟要建立的“新政治习惯”是否只是传统习俗的延续，还是在传统的基础上建立适应新的经济社会环境的“新习俗”，这样的新习俗与旧传统之间的关系又是怎样的呢？在这样的矛盾下，他会在乡村建设和建立统一稳定的国家目标之间游离，并试图在不像一个国家的基础上建立起一个强有力的国家。

梁漱溟说他是个问题中人，而非学问中人，这让他能够吸收各种学术资源而不成为各种思想流派的俘虏。而他又深入到中国的历史和现实的问题之中，因此，他能贡献出“理性早启”“伦理本位”“职业分途”这样的天才概括，而让我们在他的种种纠缠式的叙述中“豁然开朗”。

梁漱溟始终坚持独立人格，匹夫不可夺志，不畏强权、不迎合、不回避，因此，他曾经说只有乡村建设才是解决中国问题的唯一道路。但他也被社会主义中国的成就所震撼，认为“理性”的中国才能成为世界革命的领袖。这样的转变，或许混淆人们对于梁漱溟已有的固定形象，但笔者恰恰看到的是梁漱溟对于世界的“真诚”。从某种意义上说，梁漱溟思想的矛盾是我们这个矛盾的时代和矛盾的世界最“真诚”的反映。

附　录

一　梁漱溟的“理性”概念与其政治社会理论[①]

与1920年代的那一群逐渐进入学科式研究的新儒家相比，梁漱溟和张君劢等人更倾注心力于现实政治社会活动。梁漱溟虽然曾担任北京大学哲学系的讲师，并因为《东西文化及其哲学》一书而获得巨大的声誉。但不久便离开大学而投入到现实的政治实践中。从20年代的乡村建设运动，到组建政党、1949年之后参加中国人民政治协商会议，他既想当一个冷静的观察者，又想将他的独特

① 本部分为国家社会科学重大项目“中华优秀传统文化的创造性转化与创新性发展”（课题号2015MZD012）以及国家社科基金重大委托项目“文明史视野下的‘中国认同’建构”（课题批准号15@zh015）的阶段性成果，在写作和修订过程中，陈来教授、唐文明教授等分别提出过修改意见和建议，并在法国远东学院举办的名为《历史、考古与社会》中法系列讲座中报告过，在此一并致谢。

思考落实到政治社会秩序的创构中。

以认识老中国、建设新中国使命自任的梁漱溟，始终保持着独立思考的态度，并形成了他对于中国民族精神和文化形态的独特认识。对此，已经有许多学者进行了相关专题的分析阐述，而在这篇文章中，我试图从梁漱溟的“理性”概念入手，来分析他的理论思考和政治社会实践之间的内在关系；试图以此为出发点，解释梁漱溟前后看似不一致的政治立场之间的贯通之处。

梁漱溟自己是十分看重“理性”对于理解中国文化的重要意义的。他说：“想明白中国过去的文化，及中国未来的前途，都要先明白这个东西—理性。”[①] 我们知道，现代哲学中的“理性”（rationality）概念是由西方传入的，在其丰富的含义中包含有人类独特的思考力（与本能相比）或者与信仰对应的人类认知能力的发展，以及通过思考决定自己行为的能力。然后，在梁漱溟的概念体系中，他更愿意用“理智”来指称习惯上属于“理性”的那种能力，认为人类在进行判断推理过程中，难以区隔道德和价值等因素。他以此为基础来展开他的“理性”概念，并认为中国社会的独特品格与中国人最早发展起来的这种禀赋有关。

文化是制度和习俗的决定性力量，“理性”既然造成

① 梁漱溟：《乡村建设理论》，《梁漱溟全集》第二卷，山东人民出版社2005年版，第181页。

了中国传统社会的特性，那么新中国的建设必然要建立在这样的文化基础上，因此，要理解梁漱溟的思想和政治社会实践，非“理性”莫由。对此，陈来说，他是将“理性”视为人类最为珍贵的特质，也就是将儒家的道德自觉视为人类的基本特征和理想状态，虽然在这个问题上，梁漱溟多少混淆了道德伦理上的应然和实然之间的差异，但却从根本上确立了儒家价值的优先性，并以此为基础来理解中国人的思维方式和社会形态。因此，“理性”是“梁漱溟哲学的最核心的观念”。[①]

下文将依梁漱溟不同时期对“理性”的阐述来观察他的观念和行为之间的曲折关系。

直觉与“孔子的道路”

针对新文化运动过程中出现的对立化的东西文化观，梁漱溟决意要替“孔家”说话。1920 年和 1921 年他在北京和济南发表系列讲演，主旨就是从文化的多路向来讨论世界文明的走向，批评陈独秀等人的单向度文明观。

该系列讲演编辑成讲演录，并以《东西文化及其哲学》为名出版。在该书的第二章中，梁漱溟指出中西思维方式的核心差异在于西方文化中的科学精神和中国文化中的“非论理精神”。在梁漱溟看来，西方的科学精神，

① 参见陈来：《现代中国哲学的追寻》，人民出版社2001年版，第259页。

旨在找寻客观的、确定性的知识，通过这种方式获得的结论是大家共认并可证实的。“西方人讲学说理全都要步步踏实，于论理一毫不敢苟。中国人讲学说理必要讲到神乎其神，诡秘不可以理论，才能算事。若与西方比看，固是论理的缺乏而实在不只是论理的缺乏，竟是‘非论理的精神’太发达了。非论理的精神是玄学的精神，而论理者便是科学所由成就。”[①] 所谓“非论理的精神”就是非逻辑的态度，由此，梁漱溟区分了不同的思维方式所产生的不同成果，并将之冠名为“知识”和“思想”。也即西方人探求知识，而中国人追求思想。

在该书中，梁漱溟已经开始使用“理性”概念。不过，这个阶段的“理性”还不是其思想成熟时期所赋予独特意义的那个“理性”概念，而是更接近于西方思想意义上的“理性”的含义，他将之与“态度”对立。比如，他说：“思想是什么，思想是知识的进一步，就着已知对于所未及知的宇宙或人生大小问题而抱的意见同态度。思想没有不具态度的，并且直以态度为中心。但我们现在所要去看的只在意见上，不在态度上。态度是情感，是意志，现在则要观察理性一面。”[②] 这里他区分了思想和知识，并认为知识是客观的，而思想必然要掺杂着态度。

---

① 梁漱溟：《东西文化及其哲学》，《梁漱溟全集》第一卷，山东人民出版社2005年版，第358页。

② 同上书，第359—360页。

按梁漱溟自己后来的说法，他这个时期的思想还没有成熟，许多替孔子辩护的说法受西方心理学影响太大，所以说服力不足。这种以西释中的方式也表现在他对概念的使用上。这个时期支撑他论说的核心概念是“直觉”。为了比较中国和西方、印度思想之间的异同，他认为首先要考察这三者在知识上的异同，他借助唯识学的知识论方法，即借用现量、比量和直觉（非量）三个概念来展开他的分析。

梁漱溟所说的现量相当于“感觉”，人通过感觉初步形成“自相”，即对于事物的一些特殊的认识。而比量，即是“理智”，通过对感觉所形成的素材（自相）的概括，形成“共相”，形成正确明了的概念。人类获得的知识是由现量和比量构成的，“从现量的感觉到比量的抽象概念，中间还须有‘直觉’之一阶段；单靠现量与比量是不成功的。这个话是我对于唯识家的修订”[①]。按梁漱溟的说法，直觉是现量与比量之外的一种特殊的心理作用，约略可以说是进行感觉活动或者理智活动时的一种倾向或态度。而中、西、印三种文化的不同或生活方式的差异根源于“直觉”的不同。直觉各有所偏，一是附于感觉的，一是附于理智的，这也构成中西文明的差异。梁漱溟通过对中国、西方和印度三种文化发展的分析，

① 梁漱溟：《东西文化及其哲学》，《梁漱溟全集》第一卷，山东人民出版社2005年版，第400页。

认为（一）西洋生活是直觉运用理智的；（二）中国生活是理智运用直觉的；（三）印度生活是理智的。在不同的认识方式影响之下，形成不同的“意欲”，构成不同的生活样态。

梁漱溟自己也认为这样的表述并不很通顺，解释说之所以作这样的归纳是想说明西方人的思维方式过于强调人与自然、人与人之间的对立。在分析事物的过程中，理智和算计占据了上风，所以科学发达，但会导致人与自然、人与人关系的紧张，因此在社会管理层面主张通过强制的手段来制约人们的行为，是一种比较“低级”的管理方式。

很显然，梁漱溟在这个阶段还没有用他有个人内涵的“理性”概念，但是他的“直觉”概念已经具备了“理性”概念的雏形。他在批评西方的思维方式的时候，其实是要肯定中国人的“理智运用直觉”的方式，并在日趋科学主义的大潮中肯定“直觉”的价值。

梁漱溟认为中国人是通过直觉来干预理智的活动，这样可以防止理智的宰制性作用，这恰好是孔子思想符合时代需要的理由。他用良知来解释儒家认识活动中的“直觉”，这样将直觉理解为天然的道德判断力。人类之所以能在日常生活中，做出好善恶丑的判断，就是良知和良能在发挥作用。“这种直觉人所本有，并且原非常敏锐。”而这种良知的直觉就是孔子所谓的仁。“孔家本是赞美生活的，所有饮食男女本能的情欲，都出于自然流行，并不排斥。若能顺理得中，生机活泼，更非常之好的；所怕理智出来分别一个物我，而打量、计较，以致直觉退位，成了不仁。”这就是说，理智区分物我的计较态度会遮蔽人的道德直觉。

人们如何在直觉的指引下过上“仁”的生活呢？梁漱溟说：“我们可以把他分作两条：一是孝弟的提倡，一是礼乐的实施；二者合起来就是他的宗教。孝弟实在是孔教惟一的提倡。他这也没有别的意思，不过他要让人作他那种富情感的生活，自然要从情感发端的地方下手罢了。”具体地说，在物质生活上，以与自然融洽游乐的态度，享受从容，而不如西方人那样汲汲于向前追求。而在社会生活上，中国人也不像西方人，过于强调权利义务和法律关系，而是过着一种热情和互相关心的生活。在精神生活上，似宗教非宗教，似艺术而非艺术，是一种有生机的生活态度。

不同的文化路向，会导引出不同的经济生活、社会生活和精神生活。这些不同的生活样态，并不能简单以好坏来判别，关键是一个“时宜”问题。比如中国文化，在理智生活还没有完全发达的时候就已经转入直觉，属于文化的早熟，科学发展不出来，这导致了中国在近代的失败，但却符合未来的发展方向。梁漱溟说：“不料虽然在以前为不合时宜而此刻则机运到来。盖第一路走到今日，病痛百出，今世人都想抛弃他，而走这第二条路，大有往者中世〔纪〕人要抛弃他所走的路而走第一路的神情。尤其是第一路走完，第二问题移进，不合时宜的中国态度遂达其必要之会，于是照样也拣择批评的重新把中国人态度拿出来。”[①] 他说印度文化未来必然会成为人类的选择。但从当时的状态看，恰并不合宜，中国最迫切的是接受西方的理智精神，只是在态度上要做一些改变，即用直觉来调适理智，使之摆脱算计式的生活态度。

按梁漱溟自己的叙述，他的“直觉”概念受到了柏格森的影响。柏格森提供了一种与康德所不同的对待本体的方法，即是将宇宙看作是生命体，而非静止的对象，是“生命”和“绵延”，故而仅凭感觉和理智是不能把握的，“必方生活的直觉才行，直觉时即生活时，浑融为一个，没有主客观的，可以称绝对”[②]。针对当时批评者将直觉等同于感觉（现量）之类的批评，梁漱溟在 1923 年有一专文讨论柏格森和唯识学的差别。他说，相比于现量主要是人类感觉活动的领域这一点，直觉可以说是“半情半知的东西——一边是情感一边是知识作用”[③]。因此，直觉并不能归入感觉。

---

① 梁漱溟：《东西文化及其哲学》，《梁漱溟全集》第一卷，山东人民出版社2005年版，第526页。

② 同上书，第406页。

③ 梁漱溟：《唯识家与柏格森》，《梁漱溟全集》第四卷，山东人民出版社2005年版，第646页。

1923年，在《评谢著〈阳明学派〉》一文中，梁漱溟开始用“情理”的概念，认为良知直觉所产生的态度与客观性的知识不同，虽然“情理”与后来所使用的“理性”并不完全相同，但是却是直觉向理性转变的重要过渡环节。“我们从一种观察客观静理的方法，产出知识见解以为我们生活中的工具；许多常识和学术都是如此。但如见师当敬，出言必信之理则非客观的静理，而为主观的情理。此理出于良知直觉，与知识见解由后天得来者根本不同。”①

《东西文化及其哲学》奠定了梁漱溟对于中国发展道路的基本看法：不同的文化类型发展出不同的社会经济结构和思维模式，并通过文化类型的分析，将不同的文化类型置于不同的历史发展阶段中。他的框架是，第一阶段，西方领先，逐渐转向第二阶段，即孔子所开创的道路，最后转向印度的超越世俗生活的方式。

在梁漱溟的眼里，西方的民主政治和科学的发展，固然是社会的巨大进步，但这种基于“算计”的西方文化已经开始进入转折期，而其方向恰好与儒家的价值理想吻合。梁漱溟在“就生活三方面推说未来文化”一节中，提出了他对未来的构想。

其一，从物质生活层面，梁漱溟认为不合理的经济模式必须要改变，虽然没有提出具体的设想，但他认为未来

① 梁漱溟：《评谢著〈阳明学派〉》，《梁漱溟全集》第四卷，山东人民出版社2005年版，第719页。

人们会从物质欲望中解脱出来，物质生产将会处于从属的地位，这一点很类似于传统中国人的生活方式。在生产上，对于工作兴趣的关注和崇尚艺术化生产的取向，都与中国人的生活趣味相同。

第二，在社会生活层面，他说，无论是专制还是共和，对人们的统治都是仗着法律，这种统治方式必将会被淘汰，刑赏的治理术必然要转变为“从情感的活动，融合了人我，走尚情谊尚礼让不计较的路——这便是从来的中国人之风。刑赏是根本摧残人格的，是导诱恶劣心理的，在以前或不得不用，在以后则不得不废；——这又合了从来孔家之理想”[①]。刑赏废则礼乐兴。

第三，在精神生活上，宗教的兴起是人类初期精神生活所必须，但随着知识的发达，宗教所依赖的超绝与神秘便不再符合人类的情感需求。所以只有辟出一条特殊的路来，既具有宗教一般慰藉人心的力量，但又无须主宰者的新的精神形态。而儒家正好就是如此这般。所以，未来人们的精神生活必然会以孔子求仁的学问作为主脑，中国作为世界上宗教最微弱的地方，伦理秩序有替代宗教的功能。

按梁漱溟自己的看法，虽然人类已经意识到中国文化发展出了一种较高的精神，但“同时仍信服西洋政治制度

① 梁漱溟：《东西文化及其哲学》，《梁漱溟全集》第一卷，山东人民出版社2005年版，第522页。

为必由的途径；如果中国能建立西洋政治制度，则经济、工业等可有办法”[①]。他说要到1927年前后才切切实实地认识到西洋政治制度与中国不能相连。因此，他要为不断失败的政治实践寻求新的出路。为达成这样的目标，他逐渐从文化类型的比较转向基乡村建设的制度实践中。

“以理性求组织”：乡村建设运动与梁漱溟对中国现代化的思考

通过对东西文化“路向”的比较，梁漱溟已经意识到中国和西方应该走一条不同的社会发展的道路，即使说经历“现代化”的历程是所有国家的宿命，那么，中国也应该有自己的现代化的路径。在这样的问题意识下，他认为因为思考方式与社会结构的不同，中国并不能模仿西方的道路，即在政治上实行政党民主和在经济上落入自由竞争。同样，对于被许多青年所追捧的苏联式道路，梁漱溟也认为走不通。在他看来，要探索出中国自己的道路，乡村重建是唯一可行之路。

当然，这个结论的形成也基于他对于中国文化与中国社会的认识。

与1920年代初期过于依赖直觉和良知所不同的是，梁漱溟逐渐发现了（更确切地说是改造了）一个新的概

① 梁漱溟：《自述》，《梁漱溟全集》第二卷，山东人民出版社2005年版，第24页。

念，即“理性”。他认为这个概念能够更准确地体现中国文化的特质。梁漱溟在《东西文化及其哲学》第八版序言中反思道，该书虽然归宗儒家，但对儒家的认识多半是错误的，导致这些错误的原因是方法上的失误。他指出，由于过度借鉴西方的心理学方法，所以“于儒家的人类心理现实未曾认得清，便杂取滥引现在一般心理学作依据。而不以为非；殊不知其适为根本不相容的两样东西。至于所引各派心理学，彼此脉络各异，亦殊不可并为一谈；则又错误中的错误了”[①]。很显然，要纠正这些错误，主要是要避免盲目追随西方的认识模式，找到理解中国的关键。这个关键就是梁漱溟的“理性”概念。

理性的概念在梁漱溟思想中的重要性几乎为所有的梁漱溟研究者和批评者所肯定。在 1950 年代批判梁漱溟的文章中，有许多分析是很有见地的。比如，贺麟就洞察到了梁漱溟的分析工具完成了从“直觉”到“理性”的转变。他说，梁漱溟的直觉和理性是完全同一之物，理由包括，在梁漱溟的思想中，（1）理性和直觉一样，都是与理智对立的东西；（2）理性是一种含有情感成分的道德的直觉，或伦理的情谊；（3）理性所表示的是物我一体、人我一体的神秘境界，凸显的是人类生命之和谐。而贺麟在文中指出，梁漱溟由理性概念替代直觉概念与他的政

① 梁漱溟：《自述》，《梁漱溟全集》第二卷，山东人民出版社2005年版，第14页。

治主张转变有关，“当他宣扬直觉主义时，他是公开地反对以理智为基础的科学和民主，而潜在地反对阶级斗争，当他在‘理性’的掩盖下，仍旧提倡直觉主义时，他已由反对科学和民主进而以公开反对共产主义和阶级斗争为主要对象了”[①]。虽然当时的批评不可避免地带有政治色彩，不过，将梁漱溟的理性和直觉之间的转变与他的社会政治构想结合起来，基本上符合梁漱溟的思想转化历程。

由此改变，“理性”成为梁漱溟思想中最为关键的分析工具。艾恺强调说，理性概念是梁漱溟文化哲学的支点之一。他将乡村建设运动之后的文化理论视为梁漱溟的第二次文化理论建构，并指出，虽然没有像《东西文化及其哲学》建立起中国、印度和西方“三路向”的文化发展模式，但却凝练出“理性”这样的重要概念。“‘理性’这一概念是梁漱溟第二次文化理论建构的基本原理。‘理性’一词当然不能用通常英文中相应的‘reason’来翻译……‘理性’有着和《东西文化及其哲学》中的‘仁’及‘直觉’相同的功能。”[②]与贺麟强调直觉和理性之间的联系不同的是，艾恺看到的是这两个概念在“功能”上的一致性。

当然，在梁漱溟的思想中，理性概念的清晰化也是

---

① 贺麟：《批判梁漱溟的直觉主义》，《梁漱溟思想批判》第一辑，生活·读书·新知三联书店1955年版，第111页。

② 艾恺：《最后的儒家——梁漱溟与中国现代化的两难》，江苏人民出版社1996年版，第189—190页。

有一定的过程的。在《乡村建设理论》(写作于1926年)一书中,梁漱溟开始明确地用“理性”来指称“民族精神”。他说,西洋最为令人惊异的成就是征服自然的科学技术的进步,而中华文明的长处,则是社会秩序能自自然然地维持,而这种维持的力量主要可以分为教化、礼俗和自力,这三者都是人类理性的组成部分。

由此可见,这个“理性”概念已具备与一般意义上的“理性”所不同的含义。比如,他说:“所谓自力,即理性之力。礼必本乎人情;人情即是理性。故曰:‘礼者理也’。非与众人心理很契合,人人承认他,不能演成礼俗。至于教化,则所以启发人类理性;是三者总不外理性一物贯乎其中。”[①] 基于梁漱溟在写作上的习惯,不同的地方对“理性”一词解释略有差异,总体上不外乎将其理解为“平静通达的心理”。这种心理状态在中国文化中开发得比较早,他称为“理性早熟”。“理性”的过早成熟导致了中国人早期民族生活中缺乏宗教,难以培养起团体生活的习惯。

梁漱溟经常是将中国人的理性早启和西方人的宗教传统相比较来论述中西差异的。他说人类社会的早期,宗教提供了人们之间互相团结的力量。用信仰的力量来维系人心,规范人们的行为。但是孔子所创立的文化态度

① 梁漱溟:《乡村建设理论》,《梁漱溟全集》第二卷,山东人民出版社2005年版,第181页。

与此不同。“他不建立一个大的信仰目标，他没有独断的（dogmatic）标准给人，而要人自己反省。他尤不以罪福观念为宰制支配人心之具，而于人生利害、得丧之外指点出义理来；并要你打破这些祸福、得丧念头，而发挥你本有的是非、好恶之心。他相信人有理性，他要启发人的理性。”[①]中国的理性精神体现的是无私的态度，所以不与外物对立。所以梁漱溟在这个阶段也用“有对”和“无对”来描述西方与中国在文化精神上的差异。

梁漱溟使用“理性”概念最大的问题就是如何与西方思想中的“理性”概念加以区分。为此，梁漱溟特意用“理智”来取代一般意义上的“理性”概念。他将西方人偏向自然事物，详于物理、科学的思维特点称为理智，而将中国人偏重于社会人事、注重情理的思考方式称为理性。他说：“宇宙间的理，我们可以粗分为二：一种是情理，一种是物理。情理出于人情好恶，偏于主观；物理存于事物，经人考验得来，偏于客观。辨察物理靠理智，体认情理靠理性、理智理性二词，通常混用不甚分。……大抵理智要冷静才得尽其用，就必须屏抑一切感情；而理性则离好恶即无可见。”他由此得出结论说，中国人和西方人各自发展出各自的特征。“近代西洋发达了理智，中国古人则发达了理性。无论中国书、外国书，书里面总

① 梁漱溟：《乡村建设理论》，《梁漱溟全集》第二卷，山东人民出版社2005年版，第182页。

是讲了许多理；但持中国古书以与近代西洋书相较，一则讲的多是情理（忠、恕、信、义等），一则讲的多是物理（自然科学、社会科学），显然异趣。”梁漱溟甚至直接说：“所谓理性，要无外父慈子孝的伦理情谊和好善改过的人生向上。”

受“理性”思考方式的影响，中国形成了与其他文明所不同的社会特征，虽然他并没有完全否定以前的“三路向”说，但论题更集中于讨论中西差异。中国的理性早熟让中国并不能发展出科学、民主，也不能建立起现代国家。梁漱溟说，中国“所走之路不十分反科学，转而长保其不科学的形迹，其所走之路不十分反德谟克拉西，转而长保其不德谟克拉西的形迹。他不是尚未进于科学而是永远不能进步到科学了；他不是尚未进于德谟克拉西，而是永远不能进步到德谟克拉西了”[①]。

理性早启在社会层面则表现为伦理本位、职业分途。他说：“西洋始既以团体生活过重，隐没伦理情谊；继又以反团体而抬高个人，形成个人本位的社会；于是他们的人生，无论在法制上、礼俗上处处形见其自己本位主义，一切从权利观念出发。伦理关系发达的中国社会反是。人类在情感中皆以对方为主（在欲望中则自己为主），故伦理关系彼此互以对方为重；一个人似不为自己而存在，乃

① 梁漱溟：《乡村建设理论》，《梁漱溟全集》第二卷，山东人民出版社2005年版，第203页。

仿佛互为他人而存在者。这种社会，可称伦理本位的社会。”[①]梁漱溟认为中国社会之所以是伦理本位，主要是基于家族观念对于社会和政治的影响，而西方则因为宗教和民族国家代兴，强调个人本位和阶级斗争，人们习惯于一种团体生活，也思考如何突破这样的团体性，由此，近代以来启蒙运动十分注重保护个人的权利。

中西文化的差异并不能简单以好坏来区分。即使硬要区分好坏，优缺点也是相互交叉的。梁漱溟进一步解释道，中国人的短处，是从中国人的长处中来的。比如，中国人最显著的短处是缺乏集团生活的能力，短于对自然界的分析认识，这样就会受制于自然，在国家间的竞争中难以取胜。但这些短处背后却隐伏着优越的精神因素。缺乏集团生活的散漫背后是一个人理性的精神和智慧的人生。而受制于自然的背后，是人与自然融合的精神。[②]中国文化呈现出老衰性和幼稚性的缺点，但这些缺点也可以理解为早熟和有生机这样的优点。

而对于职业分途，梁漱溟也是从社会历史出发来分析的。他说，中国古代因为土地可以自由流通、遗产均分制和缺乏类似蒸汽机这样的大机器的发明，因此，难以形成固定的阶级，资本也难以垄断，“只有一行一行不同

① 梁漱溟：《乡村建设理论》，《梁漱溟全集》第二卷，山东人民出版社2005年版，第168页。

② 参见上书，第197页。

的职业，而没有两面对立的阶级。所以中国社会可称为一种职业分立的社会。在此社会中，非无贫富、贵贱之差，但升沉不定，流转相通，对立之势不成，斯不谓之阶级社会耳”。

在梁漱溟看来，近代以来中国社会的崩溃是两种力量合力的结果：一是外力的破坏，即西方入侵所造成的军事、外交上的失败，这种失败是人们所能看得到的；另一种破坏的力量则似乎并不容易让人注意到，即对于自己固有文化的厌弃，这是一种自觉的破坏。

中国的政治家和知识分子试图挽救社会危机，但对于固有文化缺乏自觉，所以有救世之心，却无救世之正确方式。所以梁漱溟认为文化自觉才是民族自救的唯一途径。这就是说，中国的社会重建应该建立在自身的价值取向和伦理情感上，而不能因为西方的成功而盲目照搬。

在这样的认识基础之上，梁漱溟对1920年代流行的救国方略做了评析。即模仿欧美的民主救国和学习西方的革命救国论，他认为这两条路都是走不通的。

在伦理本位的社会中，社会秩序的维护主要依靠教化、礼俗和自力，并不是靠外在的制度和规则的强制。“从来中国社会秩序所赖以维持者，不在武力统治而宁在教化；不在国家法律而宁在社会礼俗。质言之，不在他力而宁在自力。贯乎其中者，盖有一种自反的精神，或曰向里用力的人生。”这就是说，这样的社会秩序建构原则和伦理精神是中国文化所特有的，因此，西方的近代民主政治的路我们是走不通的。

与一般直接否认民主制度合理性的保守主义者所不同的是，梁漱溟肯定欧洲近代的民主政治是人类历史上结构最为巧妙地创造，它让人为善有余、为恶不足，人才各尽其用，不待人而治，其基础是因为确立了两个基本权力：一是公民权，一是个人自由权。梁漱溟认为这两个权力是“相因”的。“自公众的事，众人公同作主来说，谓之公民权；自各人的事，各自作主来说，谓之自由权。”[①]

这种制度是如此美妙，令人不能不迷信，近代以来中国的社会变革也是以模仿这种制度而展开的。那为何如此美妙的制度并没有在中国取得成功呢？梁漱溟分析道，这种多数人的政治，需要多数人的参与和维持，“但中国的政治革新，却是出于少数知识分子所作的摹仿运动，在大多数人是全然无此要求的”[②]。因此，你即使将参政权和自由权送到人们手里，他们也是不接受的。除此而外，物质条件也不具备，当时中国大约百分之八十到九十是文盲，民众生活极其艰苦，没有闲暇参与政治活动。还有，当时中国的交通不发达，国土太大，公共活动参与不便。当然这些现象背后则是经济落后，工商业不够发达。在交

① 梁漱溟:《我们政治上的第一不通的路》,《梁漱溟全集》第五卷，山东人民出版社2005年版，第136页。

② 同上书，第140页。

待了如此多原因之后，梁漱溟话锋一转，说这些原因都比较外在，致命的原因是“精神不合”。在这里，梁漱溟强调了“态度”和“习惯”，其实是将他从《东西文化及其哲学》时期就形成的思想加以推进。他说，如果一种制度与其运行群体的生活态度不合，那么许多法律条文就会成为空文。而西方的政治法律制度之所以建立与有效地运行，也是基于其产生于西方的文化样态：“态度神情实为生活习惯的核心；而法律制度不过是习惯的又进一步，更外一层。自其人之态度神情以讫其社会之习惯法律制度，原是一脉一套，不可分析。法律制度所以为活法律制度而有灵，全在有其相应之态度习惯，虽视之无形，听之无声，其势力伟大关系重要固远在形著条文者之上。”①

民族危机的急迫性，激发了国人的革命意识。按梁漱溟的分析，这背离了“理性”的精神。在中国传统社会，职业分途和伦理本位交互作用，这导致中国社会的变革一般是治乱循环而无真正的革命。面对日趋激烈的革命运动，梁漱溟认为通过暴力革命并不是解决中国社会问题的合

① 在《东西文化及其哲学》中，梁漱溟认为通过法律的方式建立社会秩序虽然有效，但并非能代表人类文化的未来。“现在这种法律下的共同过活是很用一个力量统合大家督迫着去做的，还是要人算帐的，人的心中都还是计较利害的，法律之所凭借而树立的，全都是利用大家的计较心去统驭大家。并于社会组织制度等问题，因我于这一面的学术也毫无研究，绝不敢轻易有所主张；但我敢说，这样统驭式的法律在未来文化中根本不能存在。”见《梁漱溟全集》第一卷，山东人民出版社2005年版，第521页。

适途径，因为革命也可以理解为秩序的重建，只是破坏秩序的革命算不上真正的革命。所以，在讨论了民主政治并不能解决中国的政治危机问题之后，梁漱溟接着开始说明俄国共产党发明的道路也“不通”。《我们政治上的第二个不通的路——俄国共产党发明的路》大约写于1929年到1932年之间，其所针对的并非单纯是中国共产党在那个时期的政治主张，也包括在共产国际指导下孙中山所进行的国民党改组，以及孙中山逝世以后国民党的革命理论。

梁漱溟一直对中国效仿苏联的方式采取暴力革命的手段持保留意见。他在《乡村建设理论》中说：“俄国的统治者也是一个新的特权阶级，直接用武力，一点不讲法律；如特务队之侦察逮捕反动者，不经审判，即可枪毙。凡是从前资产阶级、知识阶级一切权利自由都被剥夺；如英国式的自由平等的风气，在俄国完全没有，他是反自由、反平等的。工人权力优越，共产党员的权力更优越，他们成了特权阶级。”[①] 共产主义的理想是最终要消灭国家，消灭阶级，但苏联的领导人认为要实现这个目标，就需先实行权力集中的“专政”。

在该文中，梁漱溟首先讨论了中国革命取法俄国“党治”之必要。他说，要进行社会革命必须有少数人来领导努力方能开展，而这少部分的社会改造者必须建立起严

① 梁漱溟：《乡村建设理论》，《梁漱溟全集》第二卷，山东人民出版社2005年版，第227—228页。

密的组织，所以党是必须的。对于当时的中国而言，问题之严重不仅在政治，尤其体现在经济上。而如果直接与发达资本主义国家进行竞争，则困难重重，因此，必须得依赖强有力的政府来有组织、有计划地推进，才有可能避免自由竞争带来的困境。对于中国发展最大的阻碍帝国主义而言，如果不能集中革命势力与之作斗争，也难以有成效。从这个角度说，梁漱溟认为取法于俄国共产党的道路是有一定必要性的。

不过，梁漱溟认为，这条路在俄国是否算得上成功还需要时间检验，即使如此，中国想要效仿这条路也是不可能的。首先，共产党的革命主要手段是阶级斗争，而中国社会并不存在阶级的观念，工商业的落后又导致并没有成规模的产业工人队伍。中国的农民虽然生活困苦，但因为知识缺乏和忍耐性强，所以革命的动力也不足。小资产阶级，如果“既可以为革命主力，又可为革命对象，当然不是可靠的革命基础了。说来说去，究竟谁革命？殊不易确指”。谁是革命者固然难以确定，而革命的对象也不甚明了。梁漱溟说，帝国主义和军阀是大家公认的革命对象，但在实际的革命过程中，“打倒帝国主义”往往与“不抵抗”并存。一是因为帝国主义势力过于强大，二是在与帝国主义的决裂会导致中国经济的困境。因此，即使日本侵占了东三省，当政者还是主张不启兵端。

对于军阀，梁漱溟认为，军阀不应该成为革命的对象，因为军阀恰是革命的后果，辛亥革命推翻了旧的秩序，但新的秩序并没有建立起来，军阀才应运而生。既然军阀的产生是因为秩序失范，那么只要新秩序建立起来，军阀便自然消失了。

梁漱溟认为中国革命的依靠力量和革命对象难以聚焦，导出的后果便是革命理论的难以统一。无论是三民主义儒家化还是国民革命、超阶级革命等林林总总，充满着自相矛盾和似是而非。经过如此这般的分析，梁漱溟又把自己的视野转回到他自己的结论中，即俄国共产党的道路，与中国的历史习惯、民族精神不合，所以，这条道路也不是中国能模仿的。

从文化的角度来说，他特别关注 1920 年代中国农民运动的“反理性”特征。从根本上说，他是反对当时国民党和共产党所推动的以土地改革为核心的农民运动的，他认为那些运动过于关注农民的利益，而这些利益的获得主要依靠斗争。但在梁漱溟看来，农民所关注的并不只是在物质的收益上，而在于生活的乐趣，而这样的乐趣的获得要依靠“合作”和“创造”。所谓的合作就是彼此感情好，而创造更多的是“于工作上有自得之乐”。

尽管在理论上有许多不完满的地方，在实践上还没有经过长时间的检验，但梁漱溟已经开始描述乡村建设理论的重大突破，认为乡村建设是“从理性求组织”，这不仅是要解决中国目前的困境，而且是要为人类开一个新路。

在他看来，一般的社会秩序是由多数人所造成，而由少数人来维持；中国由秩序则是由多数人造成，并由多数人所维持，不是通过强制，而是通过磋商而获得共识。“是从理性上慢慢建造成的一个秩序，仿佛是社会自有的一种秩序，而非从外面强加上去的。”[①] 他将他设想中的乡村社会视为“理想社会”，并开始描述这个理想社会是如何超越传统中国社会和西洋近代社会的，认为这才是“正常形态的人类文明”。

他分六点来描述这种新文明：“一、新社会是先农而后工，农业工业结合为均宜的发展。”“二、新社会是乡村为本，都市为末；乡村与都市不相矛盾，而相沟通，相调和。”他认为西洋社会放弃农村的做法造成了都市和乡村的不平衡，而合理的方式是都市成为经济文化中心，而乡村成为社会生活的中心。“三、新社会以人为主体，是人支配物而非物支配人。”“四、新社会是伦理本位合作组织而不落于个人本位或社会本位的两极端。”“五、新社会内政治、经济、教育（或教化）三者是合一而不相离的；合一的是正常，相离的非正常。”“六、新社会秩序的维持，是由理性替代武力；而西洋近代国家还不外武力统治，其社会秩序之最后维持在武力的。社会秩序出于理性，靠理性来维持，是正常的；反之，靠武力便非正常。”梁漱溟坚

① 梁漱溟：《乡村建设理论》,《梁漱溟全集》第二卷，山东人民出版社2005年版，第313页。

信，因为中国独特的文化传统，所以中国将比世界上其他国家更早地达成这个正常形态的文明。因为中国是一个“理性”的国度，“现在的国家都不外借着民族斗争阶级斗争这两大力量在那里为种种形式的团结。可是将来阶级要消除，民族之争也跟着要消歇，就没有可以资借的机械力量。此时团体生活的维系，并且要他发育得很好，那就非充分发挥人类的理性不可。”

梁漱溟认为从乡村出发来建构中国现代国家是一条最为合适的路径。他说：“中国国家可说是集家而成一乡，集乡而成县，集县而成省，集省而成国。中国这个散漫的国家，一定要求组织，但我们求组织，如果是从家入手，那就太小，从国入手又太大，事实上不能一步登天，所以要从乡村入手。先求乡村有组织，人民有乡村的组织生活，一步一步的做到国家的组织生活。……世界上所有的国家，他的组织不是自觉的。中国今日从乡村完成这个组织，完成中国的大社会组织。等到中国完成了这种自觉的理性的国家组织，他就可以领导全世界，领导全人类。只有中国人就没有狭隘的国家观念，才没有狭隘的民族意识，以中国人大公无私四海为家的精神，就能够稳定世界的和平，就能够为人类谋福利。”梁漱溟说，中国会避免西洋和日本人那种以压制弱小国家来谋取利益的霸力国家，而成为世界上最为理想的新的国家形态。

从这个角度来看梁漱溟的乡村建设运动，他的目标不单是要解决中国近代以来的社会危机，还试图提出矫治西方现代性弊病的方案。他要将中国因为理性早启而被压制的潜能释放出来，让历史进入中国文明的时刻。“所谓从民族自觉而有的新趋向，其大异于前者，乃在向世界未来文化开辟以趋，而超脱乎一民族生命保存问题。此何以故？以吾民族之不能争强斗胜于眼前的世界，早从过去历史上天然决定了，而同时吾民族实负有开辟世界未来文化之使命，亦为历史所决定；所谓民族自觉者，觉此也。”在梁漱溟看来，西方文明建立对个人权利的片面强调之上；而由苏联并影响到中国的社会主义，虽然是对功利主义和自由竞争的一种翻转，但从手段上也利用了人与人之间的对立与斗争，总之都是对中国文化中王道仁义之风的背弃。这事实上也可以看作是对于“启蒙”与“救亡”问题的一种回应。民族自救固然是梁漱溟的切己追求，但是否应该为了国家的存亡而视民族固有精神如尘土，这或许是许多志士仁人所无暇顾及的，却是他苦心孤诣于“理性”概念的深层诉求。

心与身：儒学与社会主义

抗日战争后期，梁漱溟试图继续完善他的理论建构，于是有写作“系统”的理论著作的计划。这就是更为影响巨大的《中国文化要义》与《人心与人生》。

动笔于 1942 年，时断时续，而于 1949 年出版的《中国文化要义》是他对中国文化的基本特征做出系统分析的一部著作。在该书中，他修正了《东西文化及其哲学》一书中对于文化三路向的说法，特别是对印度文明的问题鲜有谈及，而更着力于思考中西问题，并开始从身心的角度来谈论中西的差别。比如，将原先描述西方文明的“向外用力”的态度概括为“从身体出发”，而中国文化向内用力的态度则被概括为“从心（理性）出发”。他说：“西洋文化是从身体出发，慢慢发展到心的，中国却有些径直从心发出来，而影响了全局。前者是循序而进，后者便是早熟。”①

梁漱溟认为文明的正常发展应该是循序渐进的，只有在生存问题得到解决后，着眼于身体的那些文化才会逐渐退出，理性的力量才能得到彰显，由此可以开启第二期文化的发展。在梁漱溟看来，“第一期假如可称为身的文化，第二期正可称为心的文化。第一期文化不过给人打下生活的基础，第二期才真是人的生活”②。

在这部作品中，梁漱溟有一个专门的章节讨论“理性”概念。虽然他的许多说法在《乡村建设理论》一书中已经有了端倪，甚或也有比较成条理的阐述，不过可以这么说，正是在这部作品中，梁漱溟才真正将“理性”概念

① 梁漱溟：《中国文化要义》，《梁漱溟全集》第三卷，山东人民出版社2005年版，第258页。

② 同上书，第265—266页。

作为他分析文化和制度问题的核心概念。

前文已述，“直觉”所遇到的最大挑战是“直觉”与“感觉”之间的边界问题，这也是《东西文化及其哲学》时期最为困扰梁漱溟的问题。他在《中国文化要义》一书中，对此有所反思，他说：“二十七年前我还不认识理性。但颇有悟于人类社会生活之所以成功，有远超乎个人意识作用之外者，遂因克鲁泡特金之《互助论》而信‘社会本能’之说。认为意识觉醒所以促个人主义之抬头，而社会之构成则筑基于此种本能之上。”[①] 换句话说，梁漱溟在1920年代初就认识到人类生活的独特性。这种独特性不仅体现在人类所具备的理智算计能力，也体现在人类善于组织和开展群体生活，并发展出一套道德准则。但当时并没有凝练成“理性”概念来作为串联这些问题的枢纽，而是从柏格森、杜威和克鲁泡特金等人对于直觉和群体本能的观念中寻找理论依据，经过他的长年思考，逐渐凝练出“理性”这个概念。

在《中国文化要义》一书中，通过“理性”概念，梁漱溟对中西文化差异的表述更为集中和精练。他说，中西差异主要是宗教和信仰上的差异，产生这种差异的原因在于中国文化中“理性开发之早”，他继续用“理性”和“理智”来讨论中西差别。他说，“理性”和“理智”这两

① 梁漱溟：《中国文化要义》，《梁漱溟全集》第三卷，山东人民出版社2005年版，第261页。

个概念作为外来词，人们还没对这些概念加以“订定”，所以需要专门讨论。

梁漱溟认为动物依靠三种方式生活：本能、理智和理性。人类能从本能的生活中得以解放，“减弱身体感官器官对于具体事物的作用，而扩大心思作用。心思作用，要在藉累次经验，化具体事物为抽象观念而运用之……知识即于此产生，更凭借知识以应付问题。这便是依理智以为生活的大概”①。所以，理智的生活依赖于后天学习。“盖理智必造乎‘无所为’的冷静地步，而后得尽其用；就从这里不期而开出了无所私的感情（impersonal feeling）——这便是理性。理性、理智为心思作用之两面：知的一面曰理智，情的一面曰理性，二者本来密切相联不离。”②

梁漱溟认为西方人所说的“理”一般是科学之理，而

① 梁漱溟：《中国文化要义》，《梁漱溟全集》第三卷，山东人民出版社2005年版，第124—125页。

② 同上书，第125页。在王若水看来，梁漱溟的理性观念强调了主观的道德对于客观的理智的支配，他说：“我们要特别注意梁漱溟的‘理性’是属于感情方面的，是和理智对立的。它们之间的对立来源于‘情理’和‘物理’的对立，‘情理出于人情好恶，偏于主观；物理存于事物，经人考验而来，偏于客观’。那末，‘理性’和理智的关系是怎样的呢？梁漱溟说：‘严格说，只有理性是主人，理智、本能、习惯皆工具。’这样，梁漱溟就从道德的领域里驱逐了理智，而把前者放在感情的独立统治之下。对梁漱溟来说，客观的理智没有资格来审查‘偏于主观’的‘理性’——道德的感情，反而是主观的道德的感情应当支配客观的理智，这个拥有无上权威的‘理性’，竟是非理智超理智的东西。”见王若水：《梁漱溟所谓“理性”是甚么？》，《梁漱溟思想批判》第二辑，生活·读书·新知三联书店1956年版，第124页。

中国人所说的“理”则倾向于人世间许多情理。“科学之理，是一些静的知识，知其‘如此如此’而止，没有立即发动什么行为的力量。而中国人所说的理，却就在指示人们行为的动向。”[①] 因此，梁漱溟重复了他在《乡村建设理论》中的说法，将西方的科学之“理”称为“物理”，而关切人情的“理”称为“情理”。这两种理都是人类进化的产物，因此必然都是一种“无私的感情”。梁漱溟所说的“无私”，意思是不树立对立面，即并不是将别人或认识对象看作是相争夺的另一方。

梁漱溟并不将理性看作是中国文化所特有的，但是他却认为儒家是这种理性精神的最佳体现。“儒家对于宇宙人生，总不胜其赞叹；对于人总看得十分可贵；特别是他实际上对于人总是信赖，而从来不曾把人当成问题，要寻觅什么办法。此和谐之点，即清明安和之心，即理性。一切生物均限于‘有对’之中，唯人类则以‘有对’超进于‘无对’。清明也，和谐也，皆得之于此。”[②]

儒家的“理性”构成了中华民族的基本精神，具体可以用两句话来概括：“一为向上之心强，一为相与之情厚。”[③] 这种向上的心，就是知善知恶、追求公平合理和维

① 梁漱溟：《中国文化要义》，《梁漱溟全集》第三卷，山东人民出版社2005年版，第127页。

② 同上书，第131—132页。

③ 同上书，第133页。

护正义的心。理性早启使我们很早就摆脱了西方式宗教对人的压制。中国人开出了人类文明的独特道路，既不主张出世而禁欲，也不注重现世的幸福，因此，产生出"无对"的文明，"相与之情厚"。梁漱溟以王阳明《大学问》中的天地万物一体说来阐发由一体之仁所产生的以对方为重的道德情感。

因为无对，所以并不会产生出阶级的对立，不是靠制约来规范人的行为。梁漱溟认为"中国旧日社会秩序的维持，不假强制而宁依自力……教化所以必要，则在启发理性，培植礼俗，而引生自力。这就是士人之事了。……有了他，社会秩序才是活的而生效。夫然后若农、若工、若商，始得安其居乐其业"[①]。没有阶级，只有士、农、工、商这样的职业区别，而在这些不同的职业中，士人群体则是价值的承载者。

在《中国文化要义》中，梁漱溟强调说，中国人的这种理性态度是从家庭骨肉之爱为其发端的，所以中国是一个伦理本位的社会，儒家的伦理本位观念，并不导向社会组织的建构，而更注重一个人如何"成己"，注重追求人生的意义。"所谓学问，应当时讲求这个的，舍是无学问。所谓教育，应当就是培养这个的，舍是无教育。乃至政治，亦不能舍是。所以他纳国家于伦理，合法律于道德，而以

① 梁漱溟：《中国文化要义》，《梁漱溟全集》第三卷，山东人民出版社2005年版，第206—207页。

教化代政治（政教合一）。”[1] 中国文化的优劣长短都集中于这一点上。

在写作酝酿于同时期但完成更晚（约1970年代）的《人心与人生》一书中，梁漱溟对于在《中国文化要义》中已经开始讨论的本能理智和理性的关系有了进一步深化。这个深化不仅体现在他开始引用更多的西方学术成果来说明本能活动和理智活动之间的区别，而且体现在他对理智的一定程度的肯定上。他认为理智活动使人类摆脱生存和繁殖这两个基本的问题，而追求人类的自由。

在梁漱溟看来，动物难以从摆脱其机体的本能并从中解放出来，而人类因为具有心的自觉，从而能够超越简单的利害关系来判断自己的行为。

在《人心与人生》一书中，梁漱溟对罗素的“灵性”概念做了讨论。并对《中国文化要义》中的说法进行了反思。他说：“二十七年前我亦还不认识理性，同意克鲁泡特金道德出于本能之说，而不同意罗素本能、理智、灵性之分法。及至有悟于理性、理智之必须分开。而后恍然罗素三分法为不易之论。——罗素所云灵性相当于我所谓理性。”[2] 在该书中，梁漱溟明确表示罗素所说的“灵性”与他所讲的“理性”不同，“罗素三分法之所以有胜于两

① 梁漱溟：《中国文化要义》，《梁漱溟全集》第三卷，山东人民出版社2005年版，第137页。

② 同上书，第306页。

分法，吾卒不能不服其确有所见者，即在其特别提出无私的感情于本能之外。其原文 spirit 一词，中文以灵性译之似未善。在罗素以此为人世所以有宗教和道德的心理基础，固未为不当。但他以此与本能、理智三者平列并举，对于人心原为一整体来说则有未安耳。至于我所说理性与彼所说 spirit，二者不相等同，读者其必察之。"[①] 在随后的叙述中，梁漱溟并未给出"spirit"的译法，但他在这里开始批评克鲁泡特金等人将群体意识和美德视为"社会本能"的做法，认为对于群体利益的关注是理性自觉的后果。他同时也批评了麦独孤否认人性善的说法，认为天赋的道德意识恰好就是人类摆脱本能的一种标志。

虽然区分理性和理智，但梁漱溟并不认为这两者可以单独产生作用，而是认为理性会影响干预理智的行为。"人类的聪明可分从理智、理性两方面来说。前于第六章所讲人心的计划性，那即是理智。粗略地说，礼俗制度的创造形成，其中少不得有知识、有计虑，即属理智一面。但理智偏于静，其支配着知识，运用着计虑的动力乃在人的感情、意志、要求方面。理性表见于感情、意志、要求之上，但人们的感情、意志、要求殊非恒衷于理性者。相反地，其非理性所许者乃所恒见不鲜焉。"[②] 这就是说，理

① 梁漱溟：《人心与人生》，《梁漱溟全集》第三卷，山东人民出版社2005年版，第614页。

② 同上书，第684页。

性可以产生影响，但并不是绝对决定性的，有时理智的力量违背了理性的指引，甚或经由理智和理性合力而形成的制度、秩序，一旦成形，可以单独发挥作用。

梁漱溟认为社会制度、礼俗习惯的形成固然有理性和理智的选择，但也有一些强制力的作用，因此，他认为礼俗制度所以形成，主要是由三种力量构成：一是理智之力。即谓人们各从自身利害得失的计虑上而同意接受遵从；二是理性之力。即谓人们因其公平合理，虽不尽合自身利益，却允洽舆情而乐于支持拥护；三是强霸之力。即谓人们大半在被强制之下，不得不忍受服从。[①]

梁漱溟虽然激烈反对康有为在《大同书》中对于未来社会的构想，但他自己也期待一种摆脱强力控制的理想社会，他认为未来的共产主义可能是这样的理想社会。他说："生活规制、社会秩序是否亦有单纯依赖于理性、理智以建立的？今虽未之见，却可能有之，那就是未来的共产社会，

① 参见梁漱溟：《人心与人生》，《梁漱溟全集》第三卷，山东人民出版社2005年版，第686页。1950年代批梁运动时期的许多作品，夸大了梁漱溟的理性的决定性。比如，汤用彤和任继愈认为"梁漱溟用感情的直觉代替了理性的科学的分析。用主观的心理状态代替了判别是非的客观标准。用主观的直觉的好恶（喜欢或不喜欢）代替了检验真理的实践。他们说的'理性'实际上已变成'上帝'的代用品，因为只要凭借'无私的感情''平静通达底心理'，居然能够'推动历史、支配社会、控制人生'，它不是不可思议的万能的上帝是甚么？"见汤用彤、任继愈：《批判梁漱溟的生命主义哲学》，《梁漱溟思想批判》第二辑，生活·读书·新知三联书店1956年版，第10页。

那时将是有社会而无国家，有礼俗而无法制。其所以可能，首先因为各从身体来的利害得失降低，彼此间的矛盾冲突减少，而同时发乎人心的自觉自律又达于高度也。”所以，在 1949 年之后，他对理性的理解加入了身心关系的因素，并从人心的主动创造性的理论来说明中国选择社会主义的必然性。对此，唐文明分析说：“理性引导人类迈向精神自由的新领域、新境界，意味着生命进化的一个更高阶段。在《人心与人生》中，梁漱溟将这个阶段与社会主义、共产主义的思想联系起来了。在他看来，社会主义、共产主义试图消除阶级和国家，达到世界大同的理想，实际上就是要实现宇宙大生命的真正‘大通’。他和马克思一样在一个宏大历史观念的笼罩下谈论人类社会的演变和人类的进化，但是，如果说马克思更注重物质因素在历史进化中的作用的话，那么，梁漱溟则更注重精神因素在历史进化中的作用。这也说明，梁漱溟是站在他自己的历史观念的立场上，或者也可以说是站在儒家思想的立场上来认同马克思主义的社会理想的。”在唐文明看来，梁漱溟的理性观念是梁漱溟从儒家立场吸纳社会主义的一种理论自觉。

在 1949 年之后，梁漱溟拒绝了毛泽东希望他加入政府的邀请，而是决定要继续做一个“中立”的旁观者。通过对东北新工厂和西南土改的考察，他发表了一些文章，比如《两年来我有了哪些转变？》(《光明日报》1951 年 10 月 5 日)、《我的努力与反省》(1952 年 5 月 5 日)，在这些文章中，梁漱溟说他自己改变较多的是对“阶级”和“暴力革命”的看法。“所谓三年来的事实给我的教训最大者，即是若干年来我坚决不相信的事实，竟出现在我眼前。这不是旁的事，就是一个全国统一稳定的政权竟从阶级斗争而奠立了。我估料它一定要陷于乱斗混战没有结果的，居然有结果，而且结果显赫，分明不虚。我何以估料错了呢？对于国际的国内的那种种形势漫不加察，没算在内；我认为分不成两面的，归根到底还是分为两面了。其次，我又对马列主义太欠研究，误以为斗争只是斗争，不料想毛主席却有‘又联合又斗争’的统一战线那一套运用。于是就不但分开两面，始终斗而不乱；更且不断扩大了自己一面而终于制胜强敌。”他在该文中甚至说，阶级斗争是解决中国问题的真理。

当然，也有梁漱溟始终坚持的，他说虽然有些想法并不为时代所允许，但依然坚持。比如（1）中国问题的历史背景特殊，有治乱而无革命；（2）中国的文化背景特殊，融国家于社会；（3）中国革命是由外力刺激所引起的。[①] 但他的变化是对中国共产党道路的认识，通过这些考察，他认为中国共产党做到了两件事，其一是建立了团体生活，其二是透出了人心。这两者是互相影响的。团体生活的建立要依赖统一中国，建立国权，这样使其秩序可

① 参见梁漱溟：《我的努力与反省》，《梁漱溟全集》第六卷，山东人民出版社2005年版，第968页。

以贯通到全国。梁漱溟说："中共只是无意中作了两桩事：好像一个伟大宗教那样子，填补了中国缺乏宗教的漏空；此其一。从而引进了团体新生活，以代替伦理旧组织；此其二。"这样的团体生活虽然最初有强制的力量来推行，但其出发点在于培养新的政治习惯，该团体之所以能够成功，乃是基于团体的凝聚力，即团体对团体中的分子抱有负责的态度，而分子又具有自觉能动心。这背后就是人心的力量。"人类社会看似在有意识地（其中有理智）无意识地（其中有本能）彼此互相利用而结合着；其实这至多是把人牵引到一起，或连锁不散而已。若要和好地共处，积极地协作，却必在此不隔之心。故此人类社会之所以能成功，所以能发展，其心理学的基础不是旁的，就是人心。"从上述他的反思可以看到，1950 年代初，梁漱溟对自己基于"理性"而得出的中国社会性质的认识产生了一些怀疑，因为中华人民共和国成立初期的社会发展、取得的成就出乎梁漱溟的预想。而中国共产党通过阶级斗争和暴力革命的方式，建立起一个新的国家，这个国家模仿苏联的社会组织方式，迅速建立起团体生活，这也挑战了梁漱溟一直所认为的不但欧洲民主政治之路走不通，而且苏联道路也走不通的结论。他甚至认为新的国家"透出了人心"。那么在这样的前提下，如何认识他所坚持的中国的"特殊性"便需要调整。

无论是 1920 年代初的"直觉"还是 20 年代末的

“理性”，梁漱溟一以贯之的是对于人心的创造力的肯定，因此，他将中国共产党的建国看作是人类创造力的大发挥、大表现。不过，不久梁漱溟又开始担心“人心”的力量。他不同意国家侧重城市、工业的发展战略，认为这样其实是对农民的剥夺，因而引发了一场对他的政治批判。

经历了这次批评，梁漱溟的思考并没有停止。1967年，梁漱溟开始写作《中国——理性之国》，目的是要解释中国在1949年之后发生的社会变革。

梁漱溟撰写《中国——理性之国》一书之时，正值“文化大革命”时期，资料十分缺乏，手稿大约于1970年完成。这部著作显示梁漱溟十分肯定中华人民共和国成立17年以来所取得的成果，并乐观地宣称中国可能会先于世界上任何一个国家进入共产主义社会。这些说法，一方面可以看到梁漱溟对于中国发展认识的一个新发展，同时也是他自身理论逻辑的合理发展。

梁漱溟指出，他写作此书有两个最重要的目的：其一，今日之中国与中国历史的关系；其二，中国可以为当前的世界革命和未来的人类新文化做出何种贡献。

今日之中国与中国历史的关系这个议题，所要思考的是中国何以会以社会主义建国。对此，熊十力等新儒家也试图从《周官》等儒家经典中找寻其中的内在逻辑，而梁漱溟则更多地顾及了马克思、毛泽东的理论与中国文化精神之间的关系。梁漱溟认为，按照社会发展史，社会主义社会出现的前提是资本主义生产大发达，然而在俄国和中国这样经济社会并不十分发达的国家为什么提前进入社会主义社会，其原因在于无产阶级自发的斗争和知识分子的自觉引导。“但现在俄国和中国却不然，都是把社会主义提前来搞，尤其中国是大大提前。于是乎，到转来自觉居先，以知识分子的自觉去启发社会基层可能自发而未发的斗争力量，升入自觉以发出来。有步骤地从小小局部（乡村）入手向着广大国土一步一步前进，从极其简陋的现实向着极其高原的理想一步一步前进”。

这个阶段，梁漱溟的思想发生了一些重大的转变。例如，理性早启本来用以说明中国社会的特殊性，然而在这个时期，他看重的是人的意志对于身体需要的超越，并强调了人心的创造力。因此，他同意分清敌我的斗争策略，并将武装斗争看作是根治农民和知识分子散漫病的良药。他说：“你死我活的斗争，恰是根治农民和知识分子一向散漫自由的妙药。加以革命时期特殊的军事共产主义供给制生活，人人与集体相依为命，一息也离不开。一切为集体生存及其前途开展所必须的组织纪律性就会培养出来。”在他看来，划分敌我的斗争是收合团聚的最好办法，但这种斗争并不会制造仇恨，斗争恰成为团结的一种最好的手段，就其实质而言，则是因为依靠人心。即通过为他人着想的办法，建立起一种互相信任和激发的关系。

这样的认识，改变了传统中国依靠伦理情谊来凝聚人心的习俗，而这正是梁漱溟用以解释中国社会特征的基础。而社会主义运动作为超越中国疆域范围的世界性运动，梁漱溟认为有必要超离对于中国特殊性的强调，他试图通过对于“人心”的创造力的强调，来保留他对于“理性”的主动性的一种肯定，但又不让理性仅仅作为一个解释特殊特性的观念。所以，他也以身和心的差别来解释共产党和别的组织在凝聚原则上的差异。梁漱溟说，世界上的共产党之所以可以构成跨区域的团结，在于一般的团体的构成本于身，而共产党则本乎心。“它是从那些有着共同理想和一直行动的人们自觉结合以成。人类最初的集团是在血缘地缘上形成，其后杂役人事种种关系，几经分合，难可究诘，但直至于进，世界上不仍然从肤色、种族、地域、方位见其分野吗？这就是说，在集团所由形成上，一般本乎身，而共产党本乎心。”①

在《中国——理性之国》中，梁漱溟也从身心关系来讨论公私关系，从而认为身的认知属于生理之自然，只有追求公的心才需要人的自觉，这样的自觉就是将自己从身的限制中超越出来。②这样，原本用以说明中西差别的人心和人身的问题，在这里转变为解释一个共同体内“自

① 梁漱溟：《中国——理性之国》，《梁漱溟全集》第四卷，山东人民出版社2005年版，第269页。

② 梁漱溟说：“从自发到自觉，资本主义社会是心为身用，以心从身的个体本位社会；社会主义社会则将是身为心用，以身从心的社会本位社会。”同上书，第305页。

觉”者和“自在”者之间的差异。而很明显共产党是这群自觉者，是仁且智的人。在自觉的群体中，有一部分人则是“高度自觉”的，“具有如此高度自觉之人，亦即仁且智之人，必怀抱深心大愿，随其所处时代社会环境条件，以种种方式启导群众共趋于高明觉悟一途，发扬群众的优越精神共成其所可能成办的事业”[①]。大致可以认为，这部分“高度自觉”的人指的是领导群体。

不过，梁漱溟的讨论并没有就此停止，而是进一步说明，中国的周孔教化使得无产阶级这种无私的精神有了深厚的基础。对于中国之选择无产阶级的革命精神，梁漱溟的解释是：“三千年来的社会生活遂以敦笃伦理情谊的周孔教化代替了宗教（如在他方社会者）。凡我民族社会所由以拓大而且融通若一体者，皆内心得所开启而不为身体所掩盖之明效。其精神颇与个人本位自我中心之资本主义社会相刺谬，而与无产阶级革命精神却可接近相通。”在梁漱溟看来，周孔教化的确是从家族或家庭伦理入手，并使远近亲疏的人人通过亲情得到联络，但如果仅仅将中国社会看作是家庭本位，没有看到互以对方为重的普遍性的一面，这也是对“理性”的认识不足。“人与人之间从乎心则通而不隔，将会互相关顾的那个理性。”[②]而在梁漱溟

① 梁漱溟：《中国——理性之国》，《梁漱溟全集》第四卷，山东人民出版社2005年版，第292页。

② 同上书，第338页。

看来，无产阶级革命之所以能在中国取得如此成功，与这种理性有莫大的关系。这样的理性精神，使中国人只能向上学习改造，而不能向下学习改造。在梁漱溟看来，如果学习西方人各自争个人权利，那是一种弛散堕落，因此，周孔的教化必然会引导国人选择社会主义。“现在我将指出无产阶级精神既有其高于我们传统习俗之处，同时又和我们固有精神初不相远，中国人很容易学得来，无产阶级革命在中国取得如此巨大成就实与此有极大关系。”[①]

梁漱溟借用儒家两个核心的价值“仁”与“智”来讨论中西文化的异同，这可能会让我们想到他对于“理性”和“理智”的区分。“心思开明，通达事理属智而仁在其中，心量宽大，善能容物属仁而智在其中。社会生产力及一切文化向高发展要归于智用之高强，而社会范围向大发展终赖于仁用之伟大。”[②] 比较中西，梁漱溟认为西方近代文化侧重于智用，而中国人则偏于仁用。这两者同属于理性而理性之倾向不同。而无产阶级革命的目标是解放全人类，所以要借助于人与人之间通而不隔的仁心。就此而言，虽则按社会发展史而言，西方社会应更早进入社会主义，但现实中却是中国后来居上的原因。

梁漱溟在1920年代末确立“理性”概念的时候，目

① 梁漱溟：《中国——理性之国》，《梁漱溟全集》第四卷，山东人民出版社2005年版，第309—310页。

② 同上书，第343页。

的是要反对暴力革命和阶级斗争学说，认为这样的救国方式是中国乡村崩溃的原因之一。但是，到70年代，他所看重的“理性”作用主要显现为“为对方着想”的国际主义精神。他说：“阶级斗争信非中国人所习知，而剥削非正义，反剥削为正义，则是理解的。从阶级斗争以团结一切争取正义的人们，而走向于‘中国一人，天下一家’，解救正在受难的中国人民和世界人民，这就是四十多年前中国人以知识青年为先锋，依然自勉于无产阶级的历史使命，不断地改造客观世界之中改造自己，又从改造自己来达成改造客观世界的任务。”这种革命的力量依靠人们的觉悟，是发乎人的内心而不来自于欲望和身体。梁漱溟是从对中国人宗教态度的分析中来突出理性之国的优势的。他认为，中国文化的理性倾向，导致文化传统中以礼乐取代宗教的倾向，而这样的态度在对待社会和个人的关系上，较之宗教救世观念，更为可靠。宗教“多少解救了人们的自小自私，惜乎其先贬低了人生，隐伏很大的毒害作用，其为解救不免是欺骗性的解救”。可能与当时的科学主义思潮的传播相关，梁漱溟始终认为宗教对人的救赎不是终极性的，而伦理的关怀更具实质性。

中国人的理性在对待宇宙大自然的现象时，带有无神论唯物论倾向，对于人生社会问题则倾向于民主主义和社会主义，梁漱溟给出的论据是：一，天下主义的观念普泛地流行于不同学派中，而人类社会由小向大的发展，必须破除自私于内、敌视于外的狭隘意识；二，对于人生社会普遍抱有理想，比如对于大同社会的构想；三，反对以力服人，对人类有一视同仁之气度；四，不存在固定的阶级，反对财富集中。也因为理性早熟，所以中国人强调身心合一，而不主张通过征服自然、采取殖民和剥削的方式积累资本。在财产的支配原则上也倾向于家族共财，如此都决定了中国不可能走上资本主义道路。他不认可当时流行的中国存在资本主义萌芽或者中国必将走上资本主义道路的判断。

梁漱溟说在国家主义盛行的时代，中国人那种超越狭隘自私心态的理性态度却被强权逻辑讥讽，而在社会主义行将取代资本主义的当下，国家分立对抗的局面将被世界大同的理念所取代。“国家至上主义曾有利于图存于竞争之世；反之，缺乏国家观念辄难免处于不利地位。然人类历史发展身的（自发的）时代且将为心的（自觉的）时代所接替。国家虽大，却是有局限的，而天下则不是。中国人有其理性早启的历史背景，绌于彼，优于此，在近代争强称霸为落后者，在今天破私立公却要领先，不其然乎？”因此，梁漱溟认为，伦理本位的社会即将取代利益本位的文化，礼乐大兴的时期要到了。伦理本位既不是个人本位，也不是集体本位，而是个人和集体的协调，即中国文化中的互相以对方为重，在注重团体利益的时候，照顾个人利益，在注重个人利益的时候，不忘团体的使命。

“个人本位的权利思想，集体本位的权力思想，均属旧文化，已成为过去之事。在协作共营的新社会生活中，凡相关之两方彼此都要互相以对方为重，自觉者觉此，自律者律此。而根于此伦理情谊以形著于社会上的种种风尚习俗，便是人们行为的准则，而为社会秩序、劳动纪律之所寄。这样以社会礼俗取代国家法律，乃体现了人类由社会而国家之新局。”

梁漱溟的逻辑是这样的：既然社会主义革命是需要高度理性的，那么中国人的理性早熟恰好在社会主义阶段发挥其独特的优势。在他看来，苏联以及东欧的社会主义国家虽然比中国更早取得革命的成功，但这些国家却很快地进入修正主义或出现了资本主义复辟。因此，中国责无旁贷地要担负起世界社会主义运动领导者的责任。“奇在社会主义世界革命的领导责任，今天竟尔独特地归到中国人身上，而前之首先发难者和一时号为社会主义的许多国家，标榜无产阶级的许多政党，几乎举皆堕落背叛以去，事实证明：深陷自私窠臼辗转难以自拔者大有人在，但恰恰不是中国人！快在世运转变之急，使我竟及身得见之，更不须多等待！”

社会主义革命虽然首发于俄国，但苏联在倒退，中国在前进。“中国革命的成功，亦是通过历史发展变化规律，由毛主席领导共产党大大发挥了人类主观能动性又一伟大事例。特以无产阶级基础势力在这里特见不足，改从发动农民入手，其事便超越了马克思夙来所讲的无产阶级革命那个规律条条，而全靠极灵活地运用马克思学说和列宁主义，步步看着都在创造性地向前进行，对于前途虽抱有信心，却实难一一有其预见。其成功也，盖缘于四面八方演来的世界形势，动向与民族历史夙有储备的各种条件适然汇合而成。种种条件中最主要的就是人——从毛主席这个人以至其领导的广大人民群众。"

读到这里，我们赫然发现梁漱溟在《东西文化及其哲学》里所提出的第二条发展道路，却以社会主义制度的方式在中国呈现。因为他在1920年代就意识到资本主义逻辑的不可持续性，以及那种自私算计的生活方式的缺陷。当社会主义制度建立之后，社会生活主要依靠自觉自律，这就需要比较高的道德品质，就此而言，中国的伦理本位和礼乐文明，恰好切合未来文明发展之需要。"集体本位主义也好，个人本位主义也好，表面似乎大相反，而实则其站在各自一方主张其权利而责对方以义务，正无不同，即同样是从身出发的，非是从心发出来的；同样失之一偏，失之不通不活，不能如根本人心情理之可以在必要时随有轩轾，伸缩自如。从人类社会发展史前途来看，身的时代即将过去，心的时代就要到来，新社会其必非个人本位固不待言，亦非什么集体本位，而是很自然地要走向伦理本位之路。"

除了伦理本位的文化，梁漱溟先生认为中国文化可能贡献于世界的是礼乐精神。礼乐秩序之对立面是西方在近代以来所形成的个人权利本位的文化及其与这种功利主义精神相配套的政治法律制度。在他看来，无论是个人本位的文化还是集体本位的文化，在自觉“以对方为重”，并在行为中加以“自律”的新文明形态中，就已经成为过去之事，属于旧文化。这些自觉自律的行为固然需要条文约束，但他并非背离群众的意愿，而是“准于人情事理形著之榜样标的为群众所公认者；这就是礼俗，不是法律”。所以，在梁漱溟看来，礼俗固然是道德意识的外在化，而这种礼俗也有助于道德实践，任何的道德理想，都要通过礼乐活动来呈现。

就目前学术界的状况而言，主流的梁漱溟研究者对《中国——理性之国》一书存有谨慎的态度。毫无疑问，熟悉1960年代中国“文化大革命”政治言语的人都可以意识到梁漱溟这个时候的问题意识与当时的意识形态话语之间的内在关系。如果我们超越意识形态的制约反过来看梁漱溟的论述是符合他自己的逻辑线索的。也就是说，伦理本位和以他人为重的态度是他论证社会主义运动的合理性和中国作为社会主义运动的范本的重要理由。不过，到80年代，他虽然依然认为毛泽东是中国历史上最伟大的人物之一，但开始批评其阶级斗争理论，他认为他与毛泽东的主要差别在于中国是否有阶级斗争这一点上，并回忆他与毛泽东在延安谈话的根本分析就在这一点上。1949年之后，他曾经放弃了自己的主张。“多年之后，夙性独立思考的我，渐渐恢复了自信，而毛主席临到晚年暴露其阶级偏见亦加倍荒唐错乱达于可笑地步。”[①] 在这篇写于1982年的文章中，梁漱溟认为毛泽东对于阶级斗争的看重和“制造”阶级斗争的做法都是无风起浪。这的确与他在《中国——理性之国》一书中的许多观点存在着分歧。那么，1980年代的反思是否一定能看作梁漱溟理论自信的恢复，还是违背了他自己的一致性呢？从梁漱溟理论的前后变化中可以看到其思想中的逻辑矛盾。梁漱溟虽然否认了阶级斗争在建成一个大的共同体中的作用，恢复了他以伦理本位的基本立场，但从他的日记和其他作品中看，他并没有整体上否定《中国——理性之国》这本书，而是一直在寻求出版。那么我们或许可以认为他对阶级斗争的否定，并没有否定他思考儒家与社会主义关系的总体立场。

行文至此，梁漱溟有关理性概念的发展线索及其思想的复杂性得到了一定程度的呈现，很显然，简单地以某种标签来概括他是苍白的。在跟艾恺的对话中，梁漱溟坚持认为自己是一个佛教徒，但同时又说自己是孔子和王阳明

① 梁漱溟：《试说明毛泽东晚年许多过错的根源》，《梁漱溟全集》第七卷，山东人民出版社2005年版，第521页。

的追随者。[①] 而其实，与同样思考儒家与社会主义关系的熊十力相比，梁漱溟并不是反对熊十力根据《周易》《周官》等作品中发掘孔子“革命”“民主”“社会主义”等做法，而是反对熊十力将社会主义看作是被破坏的“古人理想”。与之相比，梁漱溟的分析更多是“社会科学”化的，他说：“熊书总是自己站在儒家立场讲话，而我则宁愿先从旁而来观察它。彼此的思路是不相同的；彼此立言的态度是不同的。”[②] 因此，陈来指出，“说梁漱溟是保守主义、是反现代化、是反科学民主，都是不正确的。”从社会、政治、经济的改造主张方面，他是欧化论和社会主义的结合。从社会政治思想来看，在本质上，梁漱溟是一个社会主义者。只是这中间的关系，他并没有清楚的交待。[③] 也有人提出，梁漱溟的思想倾向，并不能化约为“文化保守主义、新保守主义、政治自由（或保守）主义、儒家资本主义或儒化马克思主义来视之界之”[④]。在梁漱溟看来，之所以提倡儒家文化，并不是将其作为现代化的批评性因素，也不是革命的反对力量（尽管他在很长时间内反对

① 参见梁漱溟、艾恺：《这个世界会好吗？——梁漱溟晚年口述》，外语教育与研究出版社2010年版，第281、275—277页。

② 梁漱溟：《勉仁斋读书录》，《梁漱溟全集》第七卷，山东人民出版社2005年版，第755页。

③ 参见陈来：《现代中国哲学的追寻》，人民出版社2001年版，第24页。

④ 王远义：《儒学与马克思主义——析论梁漱溟的历史观》，杨贞德主编：《当代儒学与西方文化：历史篇》，“中研院”中国文哲研究所2004年版，第151页。

暴力革命），而是要处理儒家如何现代转化的问题。梁漱溟的看法可以综合为："在此革命的世纪中，传统的文化，要在革命的进程中，显露实现它待长待成的价值；现代化的革命与道途，要俟素朴未琢的传统文化来指引，相辅并长、并行；至于第二路向（即中国文化路向——引者注）的文化开展，则早已为'过去'（历史）所决定，在那儿等待传统文化与现代化的'未来'融合结果，而今日的中国，逐渐地开步向预定的道路前行了。在这社会主义革命的时程中与路程上，'传统的'因和现代转折结合，由是而成长了、现代化了，'现代的'经由与传统互补融合，终而修正了、再传统化了，然后两相渗释，化成出人类新的文化路向来。"如果顺着这样的思路，梁漱溟的理性观念是否可以成为一个现代儒学的"基石性"概念呢？

二　梁漱溟在"批林批孔"运动中的真儒气质

梁漱溟一生忠于自己的内心，性格耿介，有两件事一直作为他独立人格的标志，一是在 1953 年 9 月的政协会议上，为农民争权益而顶撞了毛泽东，一直以来处于师友之间的二人情谊终究难以在新的政治格局里面维持如新。如果我们读毛泽东的《批判梁漱溟的反动思想》一文，通过其中的语气和用词，可以看出他对梁漱溟以农民利益代言人身份自居有何等的不满。还有一次，就是自 1973 年开始的并持续几年之久的“批林批孔”运动时期，梁漱溟始终不愿意加入“批孔”大合唱的举止。

对于为什么要发动“批林批孔”运动，或者说为什么要把批判林彪的事情和孔子扯在一起，至今依然很难有一个明确的说法。按照梁漱溟先生的自述，他只听说“批林批孔”运动是毛泽东亲自发动的，所以对于运动本身自己无法抵制。甚至，按照梁漱溟当时的观点，执政党进行“批孔”，抑或存在其必要性，但是“批孔”也应当允许保留不同意见。他说过，“批林”可以，“批孔”则不愿意。既然梁漱溟对“批孔”运动的反对并不是出于政治因素的考虑，那么我们或许可以推断为他是基于学术思考的理由。

1973 年 10 月，“批林批孔”运动开始。在持续不断的“学习”过程中，许多人已经接受了当时中山大学学者杨荣国等人的观点，将孔子视为“顽固地维护奴隶制”的、“开历史倒车”的阴谋家。对此，梁漱溟在其出席的政协会议中基本采取沉默的态度来应对。面对别人对他保持沉默的指责，1973 年 11 月，梁漱溟做了如此解释：一是毛主席说过，不同意见允许保留。二是政治言论需以现实的政治为重。放言高论，可能会扰乱政治。不同意流俗的观点，但也不必对政治运动说三道四。

在当时异常严峻的政治环境之下，“保持沉默也是有‘罪’的。在全组二十余人都纷纷‘表态’，积极参加这场运动，努力改造思想之后，我依然沉默，便有人说话了。

有人在会上不指名地警告说：‘对重大政治问题保持沉默本身就是一种态度，这里边有个感情问题，立场问题。’紧接着有人又在会上指名道姓地说：‘前几天北京大学某教授公开在报纸上发表文章，由一贯尊孔而转变为支持批孔，影响全国，群众欢迎。据悉，某教授五四时代在北大还是一名学生，而梁先生那时已经在北大讲坛上讲授印度哲学和儒家哲学了。时至今日，如果梁先生也向某教授学习，公开表态和支持批孔，影响将会更大，大家都会欢迎你的转变。’我听罢直摆手，不禁脱口而出：‘某教授的文章我拜读过了，我与他相熟，前不久还碰见他呢！我怀疑他文章所说的是否是他内心要说的真话。’会上马上有人反击，严厉地说：‘你有什么根据怀疑别人？就凭这句话，你对当前运动持什么态度，已经暴露无遗了。如何端正态度，在你自己。我奉劝梁先生不要再一次作运动的对立面了。’”①

梁漱溟并不想成为运动的对立面。反之，他甚至经常反思自己于1953年与毛泽东的那次著名“顶撞”。他曾说过，“自己当时心气太盛”。梁漱溟很后悔自己的行为，他自己并不是反对当时的“总路线”，只是觉得在新形势下，农民的地位相比于工人显得不平衡，所以希望毛泽东注意。可见，梁漱溟的“反思”更多是从争论的方式方法

① 汪东林：《梁漱溟答问录》，湖南人民出版社1988年版，第176页。

上来审视的。但是，到了1973年，树欲静而风不止。当梁漱溟经过“反思”后意欲保持沉默之时，却总有人会跳出来，从言词、立场、态度等多方面来刺激他，甚至有人曾说梁漱溟沉默的原因是他故意要维护林彪。紧接着，江青在首都体育馆召开的“批林批孔”会议上“顺便”批判了梁先生，称：“梁漱溟何许人也？”此时，性格倔强的梁漱溟决定将因言获罪的风险抛诸一旁，将自己的想法直书于世。于是，1974年2月22日至25日，他用了两个半天约八小时的时间做了《试论中国社会的历史发展属于马克思所谓亚洲社会生产方式》和《今天我们应该如何评价孔子》的长篇发言。他这种出于自己的思考而获得的认识在当时是如此的不合时宜，发言的效果也就可想而知了。结果是大家都指责梁漱溟思想“反动”“顽固”。

在1967年前后，梁漱溟一直在写作《中国——理性之国》一书，书中详述了对于中西社会发展路径的差异，试图将中国社会主义的成功与儒家传统结合起来，因此，对于中国历史乃至世界历史都在进行补课式的学习。从某种意义上说，他这两篇长文发言所涉及的问题却是其一以贯之思考的结果。

在前一篇文章中，梁漱溟认为，世界各方各族的历史发展并非均会经历社会发展史上的五个阶段。无论从地理条件或社会组织的角度来审视，中国与古希腊、罗马都存在很大的不同。比如中国以家庭为主，而西方则更注重集团生活。社会不断发展，会出现许多新的问题，文化因之也会发生转变。近代以来中国社会的变革和出现的许多社会问题，基本上都是外在力量影响的后果。比如，国家问题，本来传统中国并不是典型意义上的国家，更不是民族国家，但因为西方列强的入侵，中国必须要建立国家来应对，由此，建立国家就成为一个改变中国落后面貌的唯一选择。

梁漱溟通过对《苏联共产党史简明教程》和恩格斯的《家庭私有制和国家的起源》两书的比较分析，认为古代中国社会不曾经历奴隶生产制时代，而是属于马克思所说的亚洲社会生产方式。因此，他认为“把社会发展史分为如下三大阶段最确当不易，又最明朗不过：一、原始未有阶级分化的社会；二、自有阶级分化以来的阶级社会；三、阶级归于消泯，社会实现其一体性的新社会”。这篇文章的核心是要反对当时人们以社会发展的五阶段来裁剪中国社会历史发展过程的通行论断。因为人们总是以五阶段为范本来研究中国社会，并根据孔子说过的“吾从周”等片言只语，说他是要复辟奴隶制。梁漱溟的做法可谓是釜底抽薪，既然中国社会属于马克思所说的“亚细亚生产方式”，那么所有基于五阶段对孔子的评价便没有了根据。他说：“目前批孔运动中一般流行意见，我多半不能同意。即如认为孔子护卫奴隶制之说，便不合事实。其说贻误于社会发展史分划五阶段为世界通例，而不知其不可泥执。世界史上各方各族不经过奴隶制阶段者其例既非一，而如我所见中国社会历史发展盖与印度同属于马克思所谓亚洲社会生产方式者，尤其有殊于一般。”[①]

如果第一篇文章是要解决历史问题的话，那么第二篇长文的核心便是要解决在当下的时代特色中如何评价孔子的问题。这样的讨论中最为重要的关键点是对“今天”（时代使命）的理解，因为这是评价孔子的出发点之所在。梁漱溟肯定自辛亥革命以来的中国革命乃是两千年来所未有之大变局，而此阶段的革命之所以能摆脱此前朝代更替的循环，原因在于这次革命是“从心出发”。这个“从心出发”可以从两方面去思考，首先是革命是出于大众的愿望，其次是革命以及革命之后的建设活动，让人与人之间的隔阂得到有效的化解。在文中，梁漱溟呼吁人们要建立民族自信和文化自信。

梁漱溟在《乡村建设理论》一书中曾经指出，中国有待吸收和补充改造的思想有两项：团体组织和科学。但是即便如此，中国“仍须走自己的道路”，而不能进行亦步亦趋的抄袭，这是因为中国文化固有其情理社会和理性早熟的特点。情理社会意味着中国人的团体生活有别于西方完全建立在个人基础上的团体生活；而理性早熟，则意

① 梁漱溟：《今天我们应当如何评价孔子》，《梁漱溟全集》第七卷，山东人民出版社2005年版，第304页。

味着中国早就摆脱了宗教性文化，所以在接受西方的科技成果时，并不存在多少障碍。梁漱溟对 1949 年之后 25 年内中国所取得的成就加以肯定，并认定取得这类成功的原因是因为有“绵远的民族生命”和“伟大悠久的根柢”。“中国文化卓异之典可以指数者甚多，而言其总纲则在以富有理性的教化代替了迷信独断的宗教如世界他方者；指其表见在社会结构间者，则在其社会阶级非固定成形，而是贵贱贫富上下流转相通。不合于阶级社会通例的孔孟之道，所以出现在此，它既是阶级不固定之果，更重要的是阶级不固定之因。”结合这些思考，他说：“时下批孔运动是由批林引起来的。因‘克己复礼’像是林彪念念在心的大事，时论便集中批判孔子的‘克己复礼’，认为孔子是要复周礼，林彪要复辟资本主义。林贼搞复辟不搞复辟不足论，误以为孔子怀抱复古倒退思想则不容不辩。”①

梁漱溟说，时下的“批孔”言论，一般都认定了孔孟代表一种复辟、反动和倒退。这看上去是一种基于马克思主义基本原理而得出的论断，但实际上却是违背了马克思主义的基本观点而不自知。此类论断的价值，甚至不如当时批评孟子“劳心者治人，劳力者治于人，劳力者食人，劳心者食于人”的言论。梁漱溟指出，目前我们固然处于

① 梁漱溟：《今天我们应当如何评价孔子》，《梁漱溟全集》第七卷，山东人民出版社2005年版，第310页。

迈向消除劳心劳力的阶级分别的阶段，但是却应看到在几千年前当劳心和劳力进行分工的时候，也是人类社会的一大进步。

梁漱溟通过对中西历史发展的比较，认为中国与西方在社会形态方面存在差异，并据此论证周代并不是奴隶制，将孔子的“克己复礼”理解为在奴隶制和封建制转变的过程中维护奴隶制则更是错上加错。

与“批林批孔”运动相联系的另一个政治运动是“评法批儒”运动。即将中国古代的政治斗争概括为儒法斗争，将中国传统思想的发展史解释为儒法思想的斗争史。在这个斗争中，儒家被定义为保守、复辟；而法家则是变革和进步的。梁漱溟认为这样来理解思想史并不符合事实。他说，历史上的革新变法人物也多半是儒门中人，将“复辟、倒退等罪名强加于儒家，岂足以服人”？针对有人认为他反对“批孔”是要维护林彪的说法，他回应道，“林彪本身我认为不存在什么路线，够不上路线”。他只“批林”不“批孔”，“林彪叛党叛国，要谋害毛主席，自取灭亡。至于林彪是不是要走孔子的路，行孔孟之道，我却不敢相信。我不认为林彪受害于孔子”。[①] 梁漱溟按照自己的想法所提出的观点，却令他招致了更多激烈的批评。“于是群情爆炸，说我是猖狂向党进攻，张出大字报多

① 汪东林：《梁漱溟答问录》，湖南人民出版社1988年版，第182页。

纸于壁间。”而在接下来的3月至7月间，政协直属组一直在学习“批孔”，各个不同的学习小组则一直在批评梁漱溟，“9月19日、20日、21日三天连续开会，先后发言者十四人，均从批林批孔入手而集中批判我。……在本组23日会上，召集人曾征问我对大会有何感想，我答云：‘三军可夺帅也，匹夫不可夺志。’”

由此可见，一直坚持自己的分析和判断的梁漱溟不仅没有效仿“某教授”，而且在私下还对他的这种行为提出了批评。“在批林批孔运动开始后不久，我见他在报纸上发表了文章，一反自己的历来主张，随着潮流百分之百地否定孔子，我心里很不舒服，便写信批评他，要他答复我为何这么做。不多久，他便在女儿的陪同下，悄悄地同我见面，叙述他的理由，包括他的苦衷。我依然坚持自己的观点，批评他不对。但他当面向我作了解释，我心里的气也平和了一些。人各有志，且各有所难，律己可以，何必强求于人呢！……现在，这一切都已成了历史。我想某教授如今回过头来看看，应该说可以做出一个他自己满意、别人亦认为公正的答复了。”①

梁漱溟所说的某教授就是冯友兰先生。即使到了1985年，梁漱溟依然没有从某种情绪中解脱出来。1985年冯友兰九十寿诞，拟举行家宴，冯宗璞奉父命邀请梁漱

① 汪东林：《梁漱溟答问录》，湖南人民出版社1988年版，第186页。

溟被其一口回绝。第二天，他写信给冯友兰，说明拒绝的理由。信中说："日前接奉尊处电话邀晤，我立即一口拒绝，盖昔年彼此同学于北大时，学友如顾颉刚、朱自清、黄文弼、谷源瑞、孙本文诸君均先后去世多年，唯足下与我年逾九十尚同在北京，可以聚晤，我却断然拒绝者，实以足下曾谄媚江青，我心中不胜其愤恨引以为同侪之耻也。"[①] 对于梁漱溟的责备，冯友兰也多有感慨，他于1985年12月6日的回信中，认为梁漱溟"妒恶如仇之心有余，与人为善之心不足，忠恕之道，岂其然乎？"[②] 对于冯友兰先生在"文化大革命"时期的作为固然难免招致非议，但在严酷的政治环境下，学者的生存空间极其艰难，要其起而抗争，也是勉为其难。

对此，冯友兰在《三松堂自序》中对于那个过程中的内心世界的描述也是可信的："1973年，批林运动转向批林批孔运动，批孔还要批尊孔。当时我心里又紧张起来，觉得自己又要成为'众矢之的'了，后来又想，我何必一定要站在群众的对立面呢？要相信党，相信群众嘛！我和群众一同批孔批尊孔，这不就没有问题了吗？在这种思想指导之下，我写了两篇文章。这两篇文章在会上念了

① 梁培宽编注：《梁漱溟往来书信集》（上卷），上海人民出版社2017年版，第116页。

② 梁培宽编注：《梁漱溟往来书信集》（下卷），上海人民出版社2017年版，第572页。

一遍，果然大受欢迎。……自从这两篇文章发表以后，各地方的群众向我鼓励的信，蜂拥而来，每天总要收到好几封。写信的人，有青年，也有老年；有男的，也有女的；有学生，也有解放军，有农民，有工人；有的来自黑龙江，有的来自新疆；有的信写的很长，很好，有真挚的感情，有诚恳的希望。在领导和群众的鼓励之下，我暂时走上了批林批孔的道路。”[①] 当然关于《光明日报》在转载过程中所刊发的编者按是否由毛主席亲自所作的种种猜测，更是在很大程度上使冯友兰产生了一种特别的感受。

在长期且持续不断的思想改造过程中，冯友兰先生一直是“反面教材”，所以一直饱受精神上和身体上的压力。从 1949 年以后到“文革”初期也经常作为反动学术权威被批判。记得汤一介先生讲过一个故事，在“文革”期间，某一次冯友兰被批判，让他“陪同”。汤先生问冯先生是如何承受住如此精神折磨的，冯先生的回答是，他就默念“菩提本无树”。这是何等心酸的故事。经过反复的思想改造运动之后，“不断地否定自己，努力跟上形势”，已经成为许多知识分子对于政治运动的基本态度。而这种态度一旦形成，其内在则一定含有极为真诚的成分。而这种真诚在事后的回忆中便会成为其内心深处的痛，这种痛几乎成为知识分子的“职业病”。且看冯友兰先生自己的反

① 冯友兰：《三松堂自序》，生活·读书·新知三联书店1984年版，第187—188页。

思："我们说一句话，写一篇文章都要表达自己的真实的见解，自己的见解是怎么样，就怎么样说，怎么样写。这就叫'立其诚'。自己的见解可能不正确、不全面，但只要确实是自己的见解，说出来写出来，就是立其诚了。自己有了确实的见解，又能虚心听别人的意见，以改其错误、补其不足，有则改之，无则加勉，这就叫走群众路线。如果自己没有真实的见解或有而把它隐蔽起来，只是附和暂时流行的意见，以求得到某一方面的吹捧，这就是伪。这就叫哗众取宠……我在当时的思想，真是毫无实事求是之意，而有哗众取宠之心，不是立其诚而是立其伪。"①

综合上述，梁漱溟在"批林批孔"运动中的表现，并没有要故意针对当时的政治运动。他对毛泽东依然是很钦佩的。他在回答艾恺关于无论从历史和现实的角度来看，谁是最伟大的中国人这个问题之时，就肯定地说："恐怕还是毛泽东。毛泽东实在了不起，恐怕历史上都少有，在世界上恐怕都是世界性的伟大人物。"尽管梁漱溟无不惋惜地认为毛泽东晚年有一些糊涂，但即使他将毛泽东视为最伟大的人物，也不会同意凡是毛泽东的言论都是正确的。

梁漱溟始终不愿意说违心的话，这是他一生的原则。早在五四时期，他就因不同意新文化运动时期人们对于孔

① 冯友兰：《三松堂自序》，生活·读书·新知三联书店1984年版，第189页。

子思想的片面否定观点，遂写作《东西文化及其哲学》一书；而即便在延安时期与毛泽东的多次谈话中，二人对于中国农村的认识也一直存在分歧。1949年之后，他对中国所获得的巨大发展感到高兴，但他依然选择站在政府外面，就是为了保持独立的立场。梁漱溟说："总之，我的一生，是主动的一生。1950年'五一'节。在天安门城楼上我看见当时无党派人士联名向毛主席献旗，旗上写着'我们永远跟着你走！'我那时心里想：从我口里是说不出这话来的。"

虽然，梁漱溟在其长篇讲话中多次引用马克思、列宁的话，这固然是政治学习的结果，但他也是有肯定，有不同意。比如在其日记中会谈论他阅读马克思、恩格斯等人著作时的感觉，会坦然说有些书对他有启发，像列宁的《怎么办？》，而有些书并没有收获。他是真诚的认同马克思对于亚细亚生产方式的讨论，但又反对以马克思主义的观点来证明孔子的内圣外王之学。他认为，只有从共同认可的基础上讨论问题，才能有效推进对问题的思考。

梁漱溟的"主动人生"决定了他反对人云亦云地对儒家进行不准确的批评，同时也反对对儒家进行的简单肯定。他不顾政治的压力和别人的攻击，要么选择沉默，要么选择坚持自己的意见，并以"匹夫不可夺志"的态度来维护他自己的思考。

"独立思考""表里如一"是梁漱溟对自己的要求。

"'独立思考'就是不人云亦云，人家说什么跟着说，不是那么样。'表里如一'，我心里有什么就说什么，表面跟里头是一样的，不隐瞒。"

"修辞立其诚"是儒家的基本要求，诚于中而形于外。在儒家遭遇厄运的"批林批孔"运动中，梁漱溟的态度尤其珍贵。目前，儒家已处于一阳来复的新阶段，因此它更需要思考，在这样的时刻如何坚持自己的独立性。梁漱溟对于中国社会所作的分析或有可商之处，其对于现代儒家的理解抑或可有别议，但他在政治和社会的干扰中，不随风起舞，表里如一，独立思考，则是一代大儒之真性情。